Gian Luigi Dell'Erba

La Mente in Azione

Quanto siamo consapevoli della nostra condotta?

E se qualcuno ci dicesse che molte delle sofferenze della nostra vita dipendono semplicemente dal modo in cui pensiamo alle cose? Non intendo le sofferenze fisiche, come il dolore o la fame, ma tutte le altre cose che possono influenzare negativamente la vita di una persona: ansia, frustrazione, paura, delusione, rabbia, insoddisfazione generale. E se qualcuno sostenesse di poterci mostrare come evitare tutto questo? E se ci dicesse che queste cose sono in realtà il prodotto di un modo sbagliato di guardare il mondo? E se poi dovesse risultare che la capacità di evitare tutto questo è interamente nelle nostre mani?

John Sellars

Non siamo consapevoli di tutto quel che ci accade, e ciò riguarda anche il nostro comportamento.

Per spiegare i nostri atti e le nostre condotte è necessario passare in rassegna alcune tipologie di distorsioni mentali o di filtri attivi nella mente del soggetto, e distinguere le condotte in relazione ai livelli di coscienza o auto-consapevolezza.

Vi sono diverse tipologie di inganno o di distorsione che potremmo raggruppare nelle seguenti categorie provvisorie; una lista che potrebbe essere la seguente:

- Il pensiero valutativo

- il pensiero emotivo

- il pensiero morale

- il pensiero conoscitivo

- il pensiero realista

- il pensiero auto-regolatorio

- il pensiero relazionale.

Queste modalità mentali permettono velocità ed efficienza favorendo risposte in favore dell'adattamento. L'efficienza, certo, è una necessità che deve trovare il suo posto nel sistema psicologico, ma sempre tenendo presente i costi collaterali della frettolosa elaborazione e codificazione delle informazioni, con effetti avversi notevoli sia dal punto di vista soggettivo che sociale.

Quello che emerge da tale excursus è una rappresentazione della mente come una capacità di connettere la persona con il contesto fisico e sociale alla luce delle informazioni rilevanti sia a livello di specie che rilevanti per sé stesso come individuo con la sua propria storia di vita.

Indice

Introduzione

Conosci te stesso? Un inconscio 2.0

Può essere tranquillizzante credere che rivolgendo l'attenzione verso se stessi o verso il mondo si possa conoscere la verità o quantomeno si possa accedere a qualcosa di particolarmente fondato ed affidabile. Ebbene, la ricerca psicologica dimostra con migliaia di dati che le cose non stanno così.
Molti filosofi hanno messo in discussione la nostra capacità di pensare il vero o accedere alla realtà direttamente, primo tra tutti i pensatori moderni è Kant, ma più recentemente Popper, passando tra Husserl da un lato, e il positivismo logico dall'altro.
Nel pensiero greco, Platone si era posto il problema dell'accesso alla Verità con il celebre mito della caverna; tuttavia, egli aveva posto la clausola della saggezza, collocandola come dote nella figura del filosofo, alla base della capacità di accedere a ciò che è Vero e Giusto (quindi attribuendo tale capacità e acutezza epistemologica soltanto a individui ritenuti superiori).

1

Altri pensatori, come Zenone di Cizio (oggi Cipro), vedevano l'accesso alla Verità e Realtà come distorto dall'abitudine e dalla consuetudine (Zenone aveva avuto un maestro scettico, il che influenzò una parte dello stoicismo della prima era); il mezzo utile, diceva Zenone, è la sospensione del pensiero o *epochè* e l'analisi del giudizio al fine del miglior giudizio o *prosochè* (antesignano della terapia cognitiva moderna). Seneca, Epitteto e Marco Aurelio, stoici romani, seguirono questa strada e introdussero le importanti intuizioni che hanno poi portato, pur con le dovute e necessarie correzioni, a ciò che oggi si chiama, in psicologia, metacognizione.

Ora, la psicologia contemporanea ha dimostrato che queste intuizioni quanto mai brillanti si sono rivelate, perlopiù, pertinenti e fondate.

Il fatto che l'accesso al reale da parte della mente non sia diretto è un fatto quindi acclarato, ma l'aspetto più interessante è che vi sono diversi modi in cui la mente si allontana dai "dati della realtà".

Più esattamente, abbiamo un rapporto complicato con l'accesso la Realtà (con la R maiuscola) e, nonostante questo, sappiamo sufficientemente orientarci nei nostri contesti per vivere la nostra vita e adattarci alle diverse situazioni e avversità; tutto questo, affrontando le varie trappole che i nostri processi mentali ci pongono.

Prima di entrare nel vivo della descrizione e dei processi di funzionamento delle "trappole" della mente, è d'obbligo una breve premessa riguardo alcuni aspetti della autoconoscenza e come possiamo o arriviamo a capirci e conoscerci.

La questione non è banale, visto che il "conosci te stesso" è sempre stato un monito e un orientamento per l'essere umano sia implicitamente che esplicitamente (per gli occidentali, dal messaggio oracolare di Apollo a Delphi in poi; per gli orientali, perlomeno da Buddha in poi).

Prima di ogni cosa, è bene dire che possiamo avere verso noi stessi almeno due forme di conoscenza: la conoscenza in prima persona, e quella in terza persona.

La conoscenza in prima persona di sé stessi è una possibilità, o anche una capacità, che può essere vista come un rapporto in "presa diretta" con un qualche dato o stimolo o elemento di conoscenza. Tuttavia, questo punto è già problematico; noi percepiamo attraverso gli organi di senso qualcosa, un percetto, e veniamo a conoscenza che lì, in un certo luogo fuori dal nostro corpo, è presente, o esiste, qualcosa a cui diamo un nome (ad esempio, bicchiere, penna, albero, cane, un'auto, una persona sconosciuta, ...). Su questo punto, anch'esso non privo di problemi sia psicologici che filosofici, possiamo essere più sintetici affermando che la percezione è possibile quando gli organi di senso sono in grado di avere segnali fisici (in una qualche forma scientificamente descrivibile) riguardo qualcosa fuori dal corpo, e assegnare etichette linguistiche, dal generale al particolare e viceversa, per definire quel qualcosa. Vediamo e riconosciamo, sentiamo, tocchiamo, e così via per i vari canali sensoriali, anche combinati insieme.

Tutto questo non è appunto privo di problemi, tuttavia per ragioni di argomentazione più generale la conoscenza veicolata dallo "sguardo esterno", dalla percezione, può essere messa in questo modo.

Dunque, la conoscenza rimanda a due tipologie di problemi standard della filosofia della mente: Cartesio e il rapporto diretto con il "Io Penso, quindi Io Esisto", che da origine ad un modello percettivo della mente, quindi di sé stessi con le caratteristiche di trasparenza della mente, e di infallibilità delle conoscenze primarie di me stesso. L'altra tipologia, di tradizione stoico-scettica (si veda Epitteto e le rappresentazioni trattate con iniziale interrogazione scettica) riguarda il sapere che per avere conoscenze (di me e del mondo, in questo caso, non fa differenza) devo tenere in conto la possibilità di errore e fare attenzione.

L'autoconoscenza riguarda entrambi questi aspetti, ed entrambe le strade tracciate da queste tradizioni pongono dei problemi di fondamento: Cartesio, per via della difettosa trasparenza e infallibilità della capacità di capirci e conoscerci dettagliatamente; la via stoica, per via della difettosa capacità di tenere in conto temporaneamente la possibilità dell'errore (vedi euristiche percettive, del ragionamento, del giudizio studiate in psicologia).

La autoconoscenza alla prima e alla terza persona possono agire in modi molto diversi. Noi "dovremmo" avere una autorità riguardo le nostre conoscenze e i pensieri che di fatto abbiamo (autorità epistemica), tuttavia non è infrequente incontrare persone che non sanno esattamente riferire ciò che pensano di aspetti di sé stessi o ciò che pensano di fatto in quel momento; ciò ovviamente a prescindere dai problemi di capacità linguistica, e dal saper o meno riferire qualcosa in una lingua data o in un'altra lingua. In questo senso, la prima persona, che ci sembra naturale e adeguata al buon senso, ad una dettagliata osservazione è problematica (Pedrini, 2009; Millar, 2004).

La autoconoscenza alla terza persona agisce nello stesso modo del capire gli altri; capiamo noi stessi come capiamo gli altri. In questa modalità, ci attribuiamo dati e conoscenze perché abbiamo ragioni per farlo, e dati a supporto della credenza e convinzione che qualcuno pensa qualcosa di specifico. Questa modalità è, in un modo del tutto ovvio, inferenziale. Niente a che fare né con Cartesio, né con trasparenza e infallibilità.

Un aspetto particolarmente interessante è che alcune volte la conoscenza alla terza persona può essere più adeguata e corretta (su specifiche condizioni e contesti descritti) rispetto alla prima persona (falsi ricordi, testimonianze imprecise, valutazioni di sé distorte e falsate).

Cosa resta della auto conoscenza e della comune esperienza di sapere e conoscersi, e sapere e sentirsi intimo e affidabile con sé stessi? Come è possibile capirsi?

In terza persona, abbiamo un problema di autorevolezza e trasparenza; in prima persona, abbiamo un problema con la infallibilità. Come si conciliano questi due aspetti?

Per prima cosa dobbiamo distinguere gli errori dall'inganno. Mentre un errore è una deviazione involontaria nella direzione tra il soggetto e l'oggetto della conoscenza (ad esempio, sbagliare la chiave di casa, o sbagliare strada, o confondere una persona con un'altra, o sbagliare una risposta ad un test oggettivo), l'inganno è una distorsione volontaria tesa a creare una conoscenza falsa nella mente del soggetto della cognizione (ad esempio, far credere di essere bravi, scambiarsi per un altro, dire un bugia). Ora, l'inganno può essere effettuato (e di solito lo è) ai danni di un altro soggetto, ma il nostro scopo è quello di indagare le possibilità di un inganno verso se stessi.

In un tale senso, l'inganno, o auto-inganno, può essere pensato o come un atto volontario teso ad ingannare se stessi per un fine (vedi Davidson, 1987; Mele, 2001) o come una strategia non consapevole che mentre realizza uno scopo importante ha un costo cognitivo (vedi Castelfranchi, 1999). Si possono avere altre forme sfumate di auto-inganno, quando un soggetto mentre realizza una strategia tesa ad uno scopo finisce, attraverso una catena di convincimenti progressivamente orientati, per convincersi del contrario (Mele, 2001). Oppure, quando un soggetto che in un contesto crede x, mentre in un altro contesto crede y. In questo ultimo caso, il soggetto non attua una strategia tesa a distorcere le proprie credenze al fine di realizzare uno scopo, ma è influenzato dal contesto (dalle informazioni intorno a se) riguardo una determinata credenza (si veda il famoso effetto Ash, e tutta la psicologia sociale sul conformismo e la pressione sociale (Hogg, Vaughan, 2016; per un punto di vista psicologico clinico vedi Dell'Erba, Nuzzo, 2021).

Per spiegare questi atti e queste condotte è necessario passare in rassegna alcune tipologie di queste distorsioni o di filtri attivi nella mente del soggetto, e di distinguere le condotte in relazione ai livelli di coscienza o auto-consapevolezza.

Come abbiamo accennato, vi sono diverse tipologie di inganno o di distorsione che potremmo raggruppare nelle seguenti categorie provvisorie:

- auto-accrescimento
- impulsività
- egocentrismo morale
- pregiudizi
- polarizzazione iniziale
- illusione di volontà
- illusione di autocontrollo
- stereotipi sociali

Queste categorie provvisorie, che qui sono coniugate al negativo, possono benissimo essere descritte come processi della mente al fine di elaborare informazioni e dare efficienza all'organismo.

Una lista che potrebbe essere la seguente:

- Il pensiero valutativo

- il pensiero emotivo

- il pensiero morale

- il pensiero conoscitivo

- il pensiero realista

- il pensiero auto-regolatorio

- il pensiero relazionale.

L'efficienza, certo, è una necessità che deve trovare il suo posto nel sistema psicologico, ma sempre tenendo presente i costi collaterali della frettolosa elaborazione e codificazione delle informazioni, con effetti avversi notevoli sia dal punto di vista soggettivo che sociale.

Quello che emerge da tale excursus è una rappresentazione della mente come una capacità di connettere la persona con il contesto fisico e sociale alla luce delle informazioni rilevanti sia a livello di specie che rilevanti per sé stesso come individuo con la sua propria storia di vita.

Di tutto questo è sempre bene essere consapevoli e tenerlo in conto.

Vediamo nei prossimi capitoli le diverse strategie o, se si vuole, le diverse trappole della mente.

Il pensiero valutativo.

Auto-difesa / apertura.

Qualcosa in noi ci spinge verso l'auto-accrescimento e l'auto-difesa. Non ci limitiamo semplicemente a vantarci, ben sapendo che quello che diciamo è soltanto una parte della verità, e che comunque stiamo svolgendo un ruolo in un gioco sociale. C'è qualcosa nella nostra mente che contribuisce attivamente alla nostra idea di noi stessi, in una direzione tutta positiva (la psicologa Shelley Taylor ha approfondito questo tema per diversi anni: Taylor, Bown, 1988; Taylor, Sherman, 2008; Taylor, Stanton, 2007; Taylor, Collins, Skokan, Aspinwall, 1989).

Una serie di "meccanismi" psicologici contribuisce ad aumentare i pregi e omettere i difetti rispetto alle informazioni che ci riguardano.

In sostanza, l'idea che abbiamo di noi stessi è una illusione. Ma non una illusione inutile e senza senso; al contrario, è una versione di noi protettiva e utile, sia per la nostra vita sociale e pubblica e sia per la nostra vita privata, personale, intrapsichica (Taylor, Bown, 1988). E' un auto-inganno, seppur costoso, al servizio del buon funzionamento, se operato entro un certo limite.

Ognuno di noi messo di fronte alla valutazione comparata di qualità importanti, rispetto agli altri in generale con cui ci confrontiamo o siamo messi in confronto, non esitiamo a stimarci molto positivamente (moralità, onestà, intelligenza, sensibilità, Taylor, Bown, 1988; ma anche si veda Seligman, 1990); tuttavia, non desistiamo neanche davanti a piccoli fallimenti in abilità più pratiche come ad esempio essere più esperti in auto o saper riconoscere un vino molto diffuso o non farsi imbrogliare negli acquisti. Più spesso, se possiamo permettercelo, esageriamo i nostri meriti e qualità, ma se siamo davvero costretti dal contesto o dalla situazione allora riconosciamo i difetti o le scarse prestazioni svalutando il settore o l'argomento specifico e reputandolo insignificante, secondario, non importante. In tal modo, tutti noi possiamo tranquillamente ammettere alcuni fallimenti, che risultano palesi anche a chi ci conosce o ci sta accanto, ma tale ammissione non desta alcuna sofferenza o vergogna. Semplicemente non conta più di tanto, oppure non conta nulla. All'estremo, messi con le spalle al muro, siamo disposti ad appellarci dicendoci che è una imperfezione che ci riguarda come esseri umani, come normale condizione di esseri limitati ed per il fatto che nessuno di noi è una creatura divina, infallibile e perfetta (Seligman, 1990).

L'individuo medio ovvero la maggioranza di noi ha la tendenza ad attribuirsi i meriti degli obiettivi che raggiunge e scarica le responsabilità sugli altri o su altri aspetti impersonali come il "destino", la "sfortuna", persino le condizioni meteorologiche. Al contrario, i meriti altrui li accettiamo con difficoltà e con una serie pressoché infinita di eccezioni e distinguo; agli altri, invece, viene spesso riconosciuta la responsabilità derivante da qualità propriamente personali senza giustificazioni di sorta (che invece riserviamo per noi; Taylor, Sherman, 2008; Taylor, Stanton, 2007). In Psicologia, ciò è noto come Errore Fondamentale di Attribuzione (grazie al contributo di psicologi come Heider e Kelley; Hogg, Vaughan, 2016); tuttavia, quando i meno esperti eccedono con il senso di sicurezza, oppure chi sa di meno crede di sapere di più, tutto questo è conosciuto come "effetto Dunning-Kruger" (Legrenzi, 2022).

In qualsiasi situazione ci veniamo a trovare, questo meccanismo di auto-protezione o di auto-promozione è attivo e irresistibile. Se, ad esempio, cerchiamo una soluzione di un rompicapo, insieme a degli amici, se siamo i primi a risolvere la prova ciò sarà dovuto alla nostra intelligenza ed acume, ma se invece sarà qualcuno dei nostri amici ad arrivare per primo alla soluzione, egli sarà stato semplicemente fortunato o più pratico di tali argomenti o tipologie di prove. Lodiamo noi stessi e svalutiamo gli altri, senza alcun ritegno.

Le evoluzioni di tale atteggiamento possono essere spinte fino all'estremo, come quando siamo tendenti a pensare che gli altri siano più inclini a ingannarsi rispetto a noi stessi (che sarebbe l'effetto di questa illusione sulla idea della illusione).

Tutto questo può attivarsi se la situazione o il contesto ha determinate caratteristiche: vi è un certo margine di ambiguità, generalità, o manca un prova immediata e certa della realtà a disposizione. In queste condizioni, ogni essere umano (mediamente) tende a esagerare le proprie qualità e giustificare i propri difetti, e tende a fare il contrario nei riguardi degli altri. Siamo, tuttavia, disponibili a riservare il medesimo trattamento di incoraggiamento a qualcuno a cui ci teniamo, ma solo se noi stessi non siamo implicati nel contesto; tra noi e la persona cara, scegliamo senz'altro di salvare noi stessi.

Alla base di questo meccanismo c'è una istintiva capacità di valutare, o si potrebbe dire di sorvegliare, i fallimenti rispetto ad un obiettivo. Come se il sapere di avere il potere di poter acquisire un obiettivo sia qualcosa di fondamentale per l'individuo. L'essere umano può fare qualsiasi cosa per restare al sicuro rispetto al sapersi competente (potremmo dire: "fa carte false"). Credersi competente può riguardare le cose più importanti, che però possono essere soggettive, come abbiamo appena visto, e ciò apre una possibilità di giustificarsi.

In determinati casi, quando certe persone non possono non tenere conto di certe loro limitazioni (handicapp, o infortuni temporanei, ad esempio), esse tendono a non impegnarsi o non coinvolgersi. Questa strategia è tutta in linea con quanto si è appena detto: dobbiamo salvarci dal fallimento, che riteniamo molto probabile. La strategia di non coinvolgimento è, quindi, spesso un potente alibi che ci protegge dal fallimento.

Alcuni fattori possono potenziare questo meccanismo di auto-accrescimento che ci rende tutti abbastanza simili. Principalmente, il tempo. Più tempo passa e più siamo inclini verso valutazioni, stime e giudizi a nostro favore; magari costretti "a caldo" possiamo ammettere qualcosa. Con il passare del tempo rafforziamo i nostri alibi e le nostre giustificazioni, e potremmo anche giurare sulla nostra buona fede. Ogni pezzo storto tende ad incastrarsi perfettamente in quadro chiaro e coerente.

Tendiamo a ricordare i successi e dimenticare i fallimenti. Possiamo ricordare qualche fallimento, ma con il tempo rafforziamo la convinzione che abbiamo avuto dalla nostra ogni sventura; in pratica, rafforziamo col tempo le giustificazioni che ci proteggono (Seligman, 1990).

Un altro fattore spinoso è la memoria. La memoria è il nostro archivio di informazioni, sia private sia generali. Non solo è la sede delle nostre esperienze (mi ricordo che cosa ho mangiato ieri o mi ricordo quella vacanza in Francia) ma è anche la sede delle nostre informazioni generali (il mio indirizzo, la capitale della Svezia, il modello della mia auto). Questo archivio non è propriamente una specie di banca dati come potrebbe essere il nostro computer, ma è dotato di alcune proprietà tali da essere parte attiva e non passiva. In pratica, se abbiamo bisogno di giustificarci ci saranno facilmente disponibili in mente tutte le possibili cause esterne di fallimento, ed al contrario una quantità di aspetti positivi che diminuiscono il fallimento. L'effetto memoria sull'auto-incoraggiamento si evidenzia anche quando si è chiamati a ricordare aspetti negativi e positivi di noi come messi in luce da qualche questionario (che, ed è importante, crediamo valido ed attendibile); in tali casi ricordiamo tendenzialmente gli aspetti positivi, e solo qualche scarso cenno dei risultati negativi.

La memoria non ha solo un effetto distorcente, o favorente, sui dati in ingresso ma anche sui dati in uscita, sul recupero. Il recupero di dati dipende consistentemente dalle circostanze e dallo scopo che guida la ricerca di sostegno alla idea di sé stessi. Le idee di sé (ad esempio, come sono io?) sono costruzioni molto soggette a cambiamenti e soprattutto molto determinate dalla domanda (a noi stessi): perché voglio saperlo?

Se dobbiamo far coincidere un profilo di personalità ideale (magari associato al successo in vari ambiti) e l'idea di noi, non c'è il minimo dubbio che il collegamento verrà fatto. E verrà fatto in apparente buona fede! Ad esempio, se diciamo che i soggetti introversi sono più intelligenti, allora ci sentiremo e ci giudicheremo davvero più introversi rispetto a soggetti di confronto (che non devono chiedersi quanto sono intelligenti). Se invece ci viene detto che sono gli estroversi ad essere più intelligenti, non vi è dubbio che ci valuteremo più estroversi del solito. Dunque, veniamo in soccorso di noi stessi con giudizi e con esempi tratti dai ricordi (Hogg, Vaughan, 2016; Seligman, 1990).

I giudizi e il ragionamento in generale non fanno eccezione alla spinta ad andare in soccorso della buona idea di se stessi.

Il nostro ragionamento dovrebbe basarsi su dati affidabili, altrimenti invece di produrre delle analisi utili rischieremmo di produrre semplici illazioni non realistiche e non utili. Il problema è che quando le circostanze mettono a rischio o in pericolo l'idea di noi stessi, questi dati su cui si basa solitamente il ragionamento sono raccolti in modo tendenzioso. Quando valutiamo un aspetto di noi, un dato negativo, cerchiamo di circostanziarlo, di relativizzarlo, di valutarlo in una cornice esterna e situazionale, agendo sul confronto con altri dati positivi, ritenuti affidabili. Siamo tendenti a valutare come davvero importanti i dati e gli aspetti di noi che confermano un successo o un'idea positiva ma sminuiamo o svalutiamo o trascuriamo dati o aspetti svantaggiosi. Non c'è spazio per un dubbio sul valore personale, per un sospetto grave che minacci il nostro amor proprio. Siamo sempre in guardia, sempre attivi nella costruzione di storie a supporto del nostro valore; l'attività di auto-giustificazione è costantemente chiamata ad agire, anche cambiando le precedenti versioni e i punti di argomentazione che sono stati utilizzati in precedenza. Ad esempio, se qualcuno si sente rassicurato dall'essere più felice se più socievole, potrebbe tranquillamente cambiare idea una volta scoperto che una lieve introversione sarebbe garanzia di serenità. Di fronte alla minaccia del proprio valore o della propria felicità, ognuno si sente automaticamente sollecitato a "mettere a posto" gli elementi della valutazione, al fine di rendere la versione sufficientemente coerente e salvare una buona idea di se stesso.

Che la minaccia al proprio io e al proprio valore sia derivante da un dato medico o da un dato caratteriale oppure da un segnale appartenente alla sfera morale, siamo sempre disponibili a riscrivere una storia che salvi il nostro amor proprio e ci veda più che propensi a migliorare nel futuro. Infatti, tutti possiamo così avere spontaneamente un senso di controllo sul mondo e sugli altri superiore a quanto effettivamente mediamente accade; ciò vale anche per l'autocontrollo. Ognuno di noi si reputa capace in qualcosa oltre la media (il che notoriamente è un paradosso) e particolarmente in grado di superare gli ostacoli esterni; quando ciò è contraddetto alla incontrovertibile luce dei fatti, l'attività o la capacità in questione ci appare insignificante e trascurabile.

Siamo nelle mani delle nostre speranze e desideri rispetto al giudizio di ciò che è possibile e anche probabile, ed in particolare siamo sbilanciati nella direzione delle illusioni favorevoli.

Qualcosa ci tiene al riparo da una severa realtà, da un netto dato di fatto che può nuocere e può sminuirci. Questo meccanismo psicologico è al servizio della protezione del valore personale.

Nella maggior parte di noi solitamente funziona bene, ovvero ci si illude di essere migliori in qualcosa, e quel qualcosa ci illudiamo che conti più di altro. Ma, qualcuno ha più difficoltà nell'illudersi, e ha più probabilità di soffrire pene psicologiche molto acute. Nei soggetti depressi, infatti, si è molte volte evidenziato che sarebbe "difettoso" o più difficoltoso il "servomeccanismo psicologico" di autoprotezione tramite l'illusione benevola, risultando paradossalmente più "realisti" dei soggetti non clinici. Tutto ciò ci turba perché l'idea della normalità psicologica è stata sempre associata alla aderenza alla Realtà. Ma ciò è solo parzialmente corretto. Una componente di quella condizione che comunemente definiamo "normale" è un robusto incoraggiamento (Seligman, 1990, 2002). Quest'ultimo può essere difettoso nei depressi, e attivo invece in ognuno di noi. Inoltre, c'è un ulteriore problema: tutti speriamo, quindi ci motiviamo all'impegno, ci attiviamo verso lo scopo e gli obiettivi concreti, crediamo che tentare non sia sprecato, "buttiamo le reti, e qualcosa prendiamo", come si direbbe con un vecchio adagio. Se, invece, siamo pessimisti, diamo per scontato il fallimento, quindi non siamo motivati ad agire (perché mai agire se fallisco, non ha senso!), e non modifichiamo in nulla lo status quo e anzi il nostro non agire può anche peggiorare la situazione, per incuria, trascuratezza e mancanza di manutenzione degli scopi. E' una profezia che si avvera, e che è interna alla prospettiva del depresso e del pessimista stabile.

Sperare ha un vantaggio intrinseco se è in collegamento con l'impegno sugli scopi importanti; deve portarci ad agire e ad occuparci di ciò che è importante. Lo sperare senza agire è passività, è un vuoto fatalismo che assomiglia al tirare i remi in barca e aspettare la fine.

Infatti, se siamo pessimisti e depressi, quindi sfiduciati, perdiamo senso rispetto alle nostre condizioni, e rinunciamo alla manutenzione di certe condizioni materiali che dipendono da noi. Lasciamo che tutto vada a rotoli, lasciamo che condizioni come gli affetti, le amicizie, la salute, la forma fisica, le prestazioni lavorative, i nostri interessi, molto della nostra esistenza, vada a rovinarsi e deteriorarsi. Se qualcosa va male, allora va tutto male, e quindi che vada tutto alla malora. E' una sorta di generalizzazione, di globalizzazione, di vedere tutto coinvolto nel disastro, considerando incluso il nostro Valore Personale.

Al contrario, l'ottimismo e la speranza collegata all'impegno sono un atteggiamento funzionale e promettente che ci permette (in modo ovviamente indiretto, non cosciente, non intenzionale) di seminare e raccogliere qualcosa di significativo, e di mantenere un senso di controllo e un significato.

Il senso di controllo, l'ottimismo, la speranza relativa al nostro recupero in qualche ambito, la valutazione delle nostre qualità, e di converso la minimizzazione dei difetti, in pratica il Self-Serving Bias, è premiante riguardo al buon funzionamento, ma soltanto se è presente in una certa misura. Se non oscura interamente il realismo e la capacità di percepire gli ostacoli persistenti.

Per una buona gestione, funzionale e di qualità, della nostra esistenza è bene tenerne conto, e di tanto in tanto vigilare e sorvegliare le nostre condizioni rispetto allo stato del mondo con maggiore consapevolezza e profondità.

Abbiamo ottime possibilità di sviluppare l'abilità di osservare la nostra mente e il suo funzionamento "automatico", o da pilota automatico, e aprire un temporaneo e pur costoso (in termini di sforzo e costo cognitivo) sguardo realistico.

Per questa ragione, illudersi o incoraggiare una visione totalmente schermata dei difetti e dei problemi è dannoso e anticamera di guai.

Il pensiero emotivo

Impulsività / decentramento.

Quando vogliamo qualcosa davvero, ad esempio una torta, una auto nuova, una giacca, una pizza, un giocattolo in vetrina, qualcosa che ci attrae e che desideriamo, siamo sintonizzati con lo scopo di averlo, e tutta la nostra mente collabora a rendere ciò possibile.

Questo significa che il qualcosa desiderato diventa irresistibile, di vitale importanza, assolutamente prioritario, necessario. Diventa un Bisogno Assoluto. A quel punto ogni ostacolo che si pone di mezzo è oggetto di rabbia, odio, frustrazione massima, aggressività. Questo stato si chiama impulsività, e viene ad essere una delle caratteristiche costanti e intrinseche degli esseri umani. Ovviamente, le cose non vanno a finire sempre con lo scatenamento delle forze primordiali della natura; anzi, quasi mai. A mettere rimedio c'è la capacità di controllo, inibizione, e pianificazione, capacità che nel nostro cervello sono, in un certo modo approssimativo, corrispondenti e rappresentate alle zone pre-frontali della corteccia cerebrale, una delle

1

strutture nervose più recenti nel corso dell'evoluzione dei Sapiens, e una delle zone del cervello più tardive a maturarsi nel corso dello sviluppo del soggetto.

Infatti, nei bambini i capricci e le tragedie riguardanti desideri, bisogni, frustrazioni, richieste e interazione con il mondo, assumono una proporzione e una intensità drammatica. Per un adulto è solitamente differente.

Sviluppare abilità di controllo, inibizione e regolazione emotiva significa posporre, prendere distanza, riflettere su ciò che potrebbe essere opportuno e funzionale nel complesso. Queste abilità, diciamo inibitorie e di pianificazione, sarebbero "residenti" nelle zone prefrontali, o in una certa misura in queste parti della corteccia vi sono strutture e vie nervose essenziali per il funzionamento della inibizione degli impulsi.

Non è che i sentimenti e le emozioni nel complesso debbano essere inibite, pena il disfunzionamento del soggetto o la sua rovina; il problema riguarda, invece, la reazione fulminea e predisposta (dalla evoluzione e dall'apprendimento, entrambi in combinazione) che il soggetto può avere difronte alle circostanze, verso gli altri o verso la situazione in se. Prendere decisioni in condizioni di velocità, assoluta incertezza e in stato emotivo già potentemente attivato espone tutti noi a reazioni predisposte, a euristiche di ragionamento e coping buone a scansare pericoli presenti al momento ma molto meno efficaci a pianificare un buon funzionamento a medio e lungo termine.

Infatti, soggetti che hanno delle lesioni e danni organici nelle sedi prefrontali, dovuti a incidenti o interventi chirurgici particolarmente invasivi, evidenziano una disinibizione e una condotta particolarmente "alleggerita" rispetto ai consueti freni inibitori che ciascuno di noi si aspetta negli altri.

D'altronde, se le emozioni non fossero pressanti e non spingessero ad agire, se non fossero dotate di tendenze all'azione, saremmo estinti. Se io vedo qualcosa che striscia e mi avvicino, metto a rischio la vita, e se muoio giovane non prolifico, o se metto al mondo miei cloni, anch'essi moriranno molto presto e la mia stirpe si estinguerà. Se, invece, reagisco prontamente, diffido, sono prudente, e fuggo il prima possibile, vivrò, prolificherò, e i miei figli e nipoti, sebbene prudenti o tendenzialmente fifoni, metteranno al mondo i loro figli e così via. Le emozioni, paura, rabbia, tristezza, disgusto, sorpresa, gioia, sono tutte premianti, date le condizioni in cui il Sapiens è stato più stabile. Via via sorgono emozioni più complesse, sociali, morali, le quali riflettono una rappresentazione dei problemi più complessa e profonda che l'uomo ha della sua vita in un mondo sociale, pieno di legami, scopi significativi, doveri, promesse, sfide e competizioni.

È possibile che pur riconoscendo un obiettivo o uno scopo significativo come davvero importante potremmo non agire, se non sotto qualche impulso emotivamente motivante. Detto in altri termini, la componente emotiva rende uno scopo desiderato ma anche perseguito. Ciò che potrebbe motivare un obiettivo o uno scopo è il rendersi conto che esso è opportuno (in vista di un altro sovra-scopo) ma anche perché è semplicemente desiderato. Lo stesso può dirsi, in senso rovesciato, per ciò che evitiamo attivamente e non semplicemente giudichiamo negativo. Se non fosse così, potremmo restare in contemplazione delle bellezze o brutture del mondo senza avere lo slancio di agire, anche e specialmente quando agire costa e implica sforzo.

In questa direzione, le emozioni sono anche utili a prendere decisioni. Molte scelte sono a "bilancio bloccato", sono scelte che sono perfettamente simmetriche e non evidenziano disparità percepibili di convenienza, tuttavia non implicano costi e gradevolezza o frustrazioni simili. Il soggetto sceglie anche sulla base di ciò che prova a breve termine, e cosa anticipa sia lo stato emotivo a brevissimo termine. Faccio questo o faccio quello perché mi va, perché mi fa sentire bene, mi gira. Queste sono le "gut feelings", le emozioni "di pancia", le scelte effettuate sulla base dell'aspettativa di uno stato emotivo o in corso di uno stato emotivo. Chiaramente, ogni stato emotivo ha una rappresentazione dello stato degli scopi salienti minacciati o desiderati, ma tali rappresentazioni e quindi tali attivazioni sono in gran parte routinizzate, sono gestite dalla nostra Mente con il "pilota automatico".

Percepire i nostri stati emotivi ha i suoi pro e contro. Una attenzione alle emozioni e ai vari segnali corporei come il battito cardiaco, la sudorazione, la tensione muscolare, il ritmo respiratorio, il senso di instabilità interna, il senso di calore o di freddo percepito, e tanti altri segnali e sensazioni fisiche sono associate e interpretate come qualcosa di significativo. Il soggetto può voler evitare di percepire e sentire tali sensazioni perché crede che questi stati siano pericolosi, dannosi, insopportabili e siano associati a conseguenze negative. Oppure può interpretare queste sensazioni e stati fisici in altri modi, come ad esempio sapere di stare ansiosi, o sapere di star tristi, o semplicemente avere consapevolezza di essere contenti, o arrabbiati o schifati, o notare che ci sentiamo imbarazzati.

C'è un punto centrale che deve essere chiarito. Le emozioni sono risposte a valutazioni, interpretazioni, giudizi, riguardo qualsiasi stimolo interno o esterno a noi. Sento un rumore nella notte al piano di sotto; se penso che è il vento sarà tutto ok e mi riaddormento; se penso che può essere un ladro, mi allarmerò, e sarò istantaneamente pronto alla situazione d'emergenza. Le emozioni sono risposte istantanee a valutazioni; e le valutazioni consistono nell'esame dello stato dei nostri scopi importanti, sia direttamente sia in modo indiretto, compreso il modo automatico e routinizzato.

Gli stati emotivi non riflettono lo stato della Realtà (con la R maiuscola) ma la rappresentazione dello stato della realtà; rappresentazione che è un insieme di percezione soggettiva e di aspettative in un mix difficilmente scomponibile. Dunque, fidarsi delle nostre reazioni emotive è una questione complessa.

Da una parte non fidarsi, almeno evoluzionisticamente, significa morire ed estinguersi (ad esempio, essere mangiati da un leone, morsi da un serpente velenoso o morire per aver mangiato un qualcosa di sconosciuto). D'altra parte, l'ipercoinvolgimento a caldo che lo stato emotivo comporta (e che ha dato dei vantaggi al Sapiens) implica anche un modo stereotipato, meno elaborato, poco riflessivo (impulsivo, appunto) di avere relazioni con gli altri e con il contesto che ci circonda.

La percezione dello stato emotiva ha, anche, un'altra implicazione. Nonostante le emozioni siano risposte alle valutazioni e interpretazioni di uno stimolo (interno o esterno), le emozioni stesse possono essere esse stesse uno stimolo, e quindi venire percepite, valutate e determinare un successivo stato emotivo secondario. Solitamente, tutti noi siamo alle prese con problemi psicologici multipli, determinati da una stratificazione di livelli semplici. Un semplice problema psicologico può essere schematizzato con lo "schema ABC", dove A indica un antecedente, uno stimolo sotto attenzione e qualsiasi fatto o situazione sia valutata o interpretata, compreso il pensiero o l'emozione o la sensazione fisica stessa. Il B indica una interpretazione, una valutazione, un giudizio, un significato che l'A ha per il soggetto. Il C è la risposta emotiva o comportamentale che è determinata dal B. Dunque, A viene interpretato in modo B e ciò determina il C: A-B-C.

Un problema ABC può essere primario rispetto ad un ABC secondario, determinato dalla interpretazione dell'emozione o dell'avere quel problema nel complesso. Facciamo un esempio: vedo un cane che abbaia ferocemente molto vicino a me (A), credo ci sia un pericolo (B) e ho paura (C); di seguito, l'aver provato fisicamente quello stato emotivo (di paura) viene da me interpretato come rischioso e preoccupante per la mia salute (B), e ciò determina un ulteriore stato emotivo di ansia (C). O ancora, l'idea di me stesso di aver avuto paura viene interpretato in modo autocritico (B) e ciò determina una emozione di tristezza (C). Quindi, un problema psicologico semplice e primario può essere ulteriormente valutato e diviene la base per un ulteriore problema psicologico secondario.

Tutti noi siamo alle prese con vari tipi di problemi, che però possono avere una struttura simile. Per quanto riguarda i problemi secondari, essi possono essere caratterizzati da queste tipologie: problemi riguardo l'emozione, problemi riguardo la valutazione di se stessi, problemi riguardo i nostri stessi processi mentali. Se ci chiediamo perché alcuni problemi psicologici tendono ad essere ripetitivi, una delle risposte è che riverberano tra i diversi livelli di tali tipologie. L'altra risposta (come si vedrà) è che i tentativi di soluzione creano ed innescano la impossibilità di risolverli e andare avanti (Dell'Erba, Nuzzo, 2021).

La nostra capacità di osservare e valutare le nostre reazioni, emotive e psicologiche nel suo insieme, è una grande risorsa ma soltanto se associata in modo combinato alla osservazione dei dati sensoriali e delle informazioni del contesto. Ogni esperienza diventa una lezione importante riguardo l'efficacia della nostra condotta e dei nostri tentativi di perseguire scopi significativi in un contesto. La mancanza di dati contestuali ci mette in una situazione di cecità psicologica, e tendiamo ad essere prigionieri di uno schema senza la possibilità di correggerlo o aggiornarlo.

In sostanza, siamo molto sensibili ai dati del contesto e cogliamo rapidamente i cambiamenti di configurazione e i mutamenti di indicatori e segnali, mantenendo semplificata la organizzazione di ciò che percepiamo. Al primo cambiamento che non riesce ad essere assimilato agli schemi e alle configurazioni impiegate, entra in funzione una più dettagliata attenzione e una più completa consapevolezza del momento presente, dove l'analisi delle informazioni contestuali e i dati sensibili è meno rapida ma più fine e profonda.

Il grande psicologo Jean Piaget aveva introdotto il concetto di dinamicità degli schemi tra Assimilazione e Accomodamento. L'assimilazione è il leggere le informazioni sulla base di schemi esistenti; quindi, accogliere le informazioni in modalità "strutturalmente" conservativa ed economica; l'accomodamento è l'adattare o il creare un nuovo schema in modo da poter accogliere o comprendere le nuove informazioni in modo migliore. Il filosofo Karl Popper ne ha mutuato una sua versione epistemologica per comprendere i rapporti tra empirismo e razionalismo e la natura delle teorie scientifiche.

Vale la pena soffermarsi ancora un poco su questo punto. Se siamo insensibili ai dati dell'esperienza, la condotta diventa guidata da schemi già esistenti, e quindi il soggetto è diretto da regole, aspettative, previsioni, linee di comportamento già previste: "si dovrebbe", "si deve", "so già che", "questo è un", e così via. Tutti modi del soggetto che derivano dalla applicazione di un schema esistente ("Top Down").

Dalla parte opposta del problema, sull'accomodamento e sul dare la priorità ai dati, il punto centrale è come vengono "inquadrati" questi dati e queste esperienze (che è l'importanza dell'assimilazione e degli schemi). Se i dati sono svincolati da una qualche forma di schema e di inquadramento, essi sono illeggibili e creano confusione. La nostra esperienza è in primo luogo basata sulla formazione di schemi generali. Applicando questa dinamica tra assimilazione e accomodamento alle emozioni, da una parte una emozione è vista e inquadrata come una conseguenza, anche attesa, di certe valutazioni, e in base a ciò non conta tanto "come ci sentiamo" ma "cosa sta accadendo". Dall'altra parte, l'emozione può essere lo stimolo sotto attenzione che viene valutato e in base all'interpretazione e all'aspettativa è determinata una nuova emozione. E', in sostanza, un problema che scaturisce dalla valutazione emotiva. In tutto questo, l'aspettativa e tutto il pacchetto di aspettative routinizzate, agiscono sulla base di un "mood", di un tono emotivo, di una atmosfera emotiva. Il soggetto è influenzato, in parte, dal tono emotivo e in particolare dalla specifica emozione. Se siamo già ansiosi, tenderemo ad esserlo di più; se siamo arrabbiati tenderemo ad esserlo ancora di più. Tutti i ricordi tendono ad essere più velocemente disponibili secondo una tonalità emotiva: se sei triste hai più velocemente ricordi tristi più che piacevoli. Se sei arrabbiato, tendo a ricordarti più aspetti ostili e ingiusti rispetto a controprove neutrali.

Le emozioni giocano la loro parte, nel meccanismo psicologico del "mood congruity effect", alla tendenza alla coerenza e stabilità, tendendo a confermare una ipotesi piuttosto che disconfermarla. Andare contro la tendenza alla conferma, tipica della mente normale, è più difficoltoso perché la conferma in caso di pericolo è premiante, invece la disconferma è rischiosa. Tuttavia, assumersi un rischio e andare oltre l'ipotesi di conferma accresce la conoscenza e determina gli accomodamenti, e quindi il soggetto fa nuove esperienze di apprendimento.

Restiamo ancora su questo punto. Le emozioni sono determinate da valutazioni e interpretazioni, le quali non sono altro che la applicazione di schemi e pattern di significato, molto importanti per il soggetto. Ma, d'altra parte, le emozioni sono anche stimoli e stati fisici e mentali che influenzano il giudizio rendendo più facile un certo tipo di processi mentali (ricordi, valutazioni, preferenze, fantasie) e, anche senza la nostra piena consapevolezza, pesano sulle scelte e sulle reazioni; molto più spesso di quello che pensiamo entriamo in un circolo cognitivo-emotivo che è difficilmente consapevole.

In questa direzione, la capacità di adattarsi all'ambiente, predisposta degli esseri umani, gioca a sfavore della diversa capacità di valutare correttamente ciò che accade e ciò che conviene. Il tono emotivo predispone ad una reazione in una precisa direzione congrua con il significato predisposto della specifica emozione.

Facciamo un esempio. Se predisponiamo una atmosfera "ansiogena", il soggetto sarà più sensibile ai segnali di rischio e pericolo, Se favoriamo un tono cupo e triste, il soggetto sarà più sensibile a valutazioni e scelte pessimistiche. Se stimoliamo opportunamente la situazione verso la frustrazione gratuita, il soggetto sarà più sensibile nel giudizio e nelle reazioni al torto e ai soprusi.

Chiaramente, non si tratta di pilotare appieno i sentimenti umani dall'esterno, senza alcun apporto della valutazione. Questa dinamica tra priorità tra contestualismo e ambientalismo da una parte, e responsabilità e giudizio soggettivo dall'altra è pienamente adeguata. Si tratta invece di tenere presente che tutti noi abbiamo una predisposizione a adattarci e sintonizzarci con ambienti e contesti in funzione del miglior successo e della sopravvivenza; il punto cruciale è la valutazione delle risposte decisamente polarizzate in un senso o nell'altro. Una insensibilità al contesto implicherebbe una chiusura agli stimoli molto rischiosa, e una insensibilità verso le proprie aspettative implicherebbe il rischio capovolto di essere manipolabili e suggestionabili oltre il normale. Un bilanciamento tra le due capacità è un fatto dinamico e molto variabile, dove può giocare un ruolo importante il modo di avere a che fare con se stessi, il modo di pensare a se stessi. L'interscambio tra le due tendenze, verso l'interno o verso l'esterno (top-down o bottom-up) può essere anche combinato. Ad esempio, se ci facciamo influenzare da qualcuno in modo tale da giudicarlo poi simpatico, da quel momento tendiamo a valutare i suoi errori più lievi e i suoi meriti più importanti (bottom-up e poi top-down). Tenere conto di questi processi psicologici è di enorme importanza.

Uno degli aspetti più importanti per la promozione di una maggiore conoscenza di se stessi e di una "intelligenza emotiva" è valutare correttamente i propri stati emotivi. Uno dei fondamenti di questa abilità è il considerare le emozioni come determinate dalle nostre valutazioni e interpretazioni riguardo a ciò che è sotto attenzione (qualsiasi cosa essa sia). Se le emozioni sono percepite come dissociate dalla componente cognitiva di contenuto (il significato di ciò che è sotto attenzione) allora diventano improvvisamente uno stimolo che ha un significato indipendente. Le emozioni sono repertori bio-comportamentali che si sono selezionati perché hanno fatto la differenza nella lotta per la sopravvivenza del Sapiens. Via via però la capacità di cogliere anche il senso del nostro reagire ha apportato qualcosa in più man mano che la complessità della nostra convivenza in gruppo è cresciuta e divenuta stratificata e predominante, rispetto alla vigilanza sui pericoli di vita e morte. In questo senso, reazioni più sociali, più auto-riflessive, più interpersonali, più morali hanno preso la maggior parte dello spazio della vita psico-sociale.

Per una sintesi davvero rapida possiamo segnalare i seguenti punti che accostano un significato a ciascuna emozione di base: Gioia (aspettativa di acquisizione di un bene), Tristezza (perdita), Rabbia (torto), Paura (pericolo), Disgusto (contaminazione), Sorpresa (disorientamento).

A questa breve lista si può aggiungere un'altra altrettanto breve lista di emozioni sociali e complesse: Vergogna (minaccia di un giudizio negativo), Imbarazzo (consapevolezza di deficit di abilità sociali), Colpa (dispiacere di aver danneggiato qualcuno), Orgoglio (gioia per un merito), Disprezzo (riprovazione sociale), Indignazione (riprovazione verso ingiustizia sociale), Depressione (credenza di perdita insostituibile e intollerabile), Panico (pericolo per la propria tenuta psico-fisica) e così via.

Tenere conto che i nostri sentimenti e le nostre emozioni siano determinate da nostre valutazioni e giudizi ci abilita di una possibilità non da poco. Questa è una delle abilità che normalmente diamo per scontato, sia in noi stessi che negli altri, ma che invece ci abilita in un consesso sociale. Capirsi e capire gli altri passa dalla capacità di dare senso a ciò che provo e ciò che possono provare gli altri. Siamo anche dotati naturalmente e attrezzati neurologicamente per questa capacità, in quanto essendo cruciale per la vita di gruppo, essa ha evidentemente fatto la differenza rispetto alla sua assenza: la alessitimia, la incapacità di dare un nome alle emozioni.

Avere una chiara idea delle emozioni, il riconoscerle, negli altri e in noi stessi, il sentirle, e dare senso al come ci si sente ad averle, tutto questo costituisce una normale intelligenza emotiva, un normale bagaglio del nostro funzionamento normale. Questa capacità ha una sua funzione personale e sociale molto importante e costituisce un collante che permette agli individui di interagire con i propri simili.

Troppa attenzione allo stato emotivo, come abbiamo ricordato, drena attenzione rispetto al contesto esterno, agli obiettivi, e al collocarsi nella situazione, lì e in quel momento; questa mancanza di attenzione a ciò che avviene all'esterno può rivelarsi negativo o fatale. Troppa poca attenzione, invece, ci priva di quelle informazioni di sfondo e di quella consistenza del nostro sentirci noi stessi.

Tuttavia, in alcuni momenti, chiunque fa esperienza di uno stato di estrema focalizzazione su ciò che fa, sul compito in corso, e si trova a contatto soltanto (o in modo prevalente) con la propria attività, con l'oggetto del suo impegno. E' un flusso di motivazione piena, ed è vissuto con partecipazione autentica, in special modo quando siamo alle prese con attività piacevoli. Potremmo passare qualche ora senza nemmeno renderci conto del tempo che passa, o della situazione intorno a noi. Tutto è focalizzato sul compito. (Seligman, 2002)

L'esperienza del "flusso", però, dura poco rispetto alla giornata, ed è caratterizzata da quei momenti speciali dove ci troviamo estraniati dal resto mentre siamo in pieno contatto con qualcosa che è, almeno in quel momento, importante per noi. In altre circostanze, e per tutt'altri motivi, fare l'esperienza dell'estraniamento dal normale senso di se stessi e dalla esperienza normale di sentirsi nel nostro corpo è quasi sempre percepita come terrificante.

Si tratta della dissociazione, della separazione tra una normale percezione di uno stimolo, interno o esterno, e la nostra esperienza o aspettativa rispetto a quello stimolo. Ad esempio, mentre guardo un serpente che si avvicina, sono attento ai suoi movimenti e alla distanza da me, e non percepisco altro; successivamente, un pezzo dell'esperienza relativa allo stato emotivo viene recuperata ma non riconosciuta come normale. Siamo dissociati rispetto all'emozione, o più esattamente ci sentiamo dissociati. La dissociazione è un fenomeno che riguarda la coscienza e più esattamente il rapporto tra il focus dell'attenzione e la coscienza nel suo insieme. Noi osserviamo la dissociazione nelle situazioni più semplici, come il ripetere molte volte una parola (come fece per primo lo psicologo americano Titchener) che poi ci sembra improvvisamente un suono strambo, fino alle situazioni più complesse come quando non ci riconosciamo in noi stessi o non sentiamo normale improvvisamente il contesto intorno a noi. Il confronto tra oggetto della percezione iperfocalizzato (interno o esterno) e aspettativa standard rispetto a quel percetto può dare vita al fenomeno dissociativo. Due termini definiscono due condizioni dello stesso processo psicologico ma in direzioni diverse del focus attentivo: depersonalizzazione e derealizzazione.

Quando siamo iperfocalizzati su uno stimolo esterno per molto tempo, esso ci appare sempre più distorto e "innaturale". Questo avviene anche per uno stimolo interno, verso sensazioni corporee e verso le nostre emozioni. Questo effetto, che spesso è soltanto temporaneo, può essere ulteriormente oggetto di una valutazione e di una elaborazione cognitiva da parte nostra. Ad esempio, potremmo pensare che tali sensazioni potrebbero essere il segnale o il sintomo precoce di una condizione grave o che perderemo il controllo di noi stessi. Questo, chiaramente, da avvio ad un secondo problema collegato che diviene una trappola psicologica.

Il primo problema è la iperfocalizzazione che produce un fenomeno di distorsione della percezione (o più esattamente, della rappresentazione dello stimolo). Il secondo problema consiste nella valutazione di tale stato come pericolo associato ad una emozione ansiosa. E' molto facile pensare che questi problemi saranno un circolo vizioso tra percezione di stranezza e irrealtà e lo spavento crescente di trovarsi in una anticamera di una qualche catastrofe.

Quello che in origine è un processo attentivo che produce un effetto di distorsione del percetto, può diventare l'innesco di una trappola psicologica e determinare un Disturbo da Depersonalizzazione e Derealizzazione. Questa condizione, relativamente stabilizzata, è molto più spesso associata ad altri disturbi e condizioni psicologiche più generali come i Disturbi Ansiosi e Depressivi, e copre alcuni sintomi di essi.

Oggi, si crede che la base neurofisiologica della dissociazione dalle sensazioni fisiche e dalle emozioni sia un bilanciamento tra la corteccia prefrontale e l'insula, piccola struttura sottocorticale laterale. Quando l'insula è reattiva il soggetto sta provando disgusto o è comunque focalizzato sulle reazioni fisiche ed emotive. Un danno all'insula è stato, infatti, riscontrato in pazienti che lamentavano un deficit di percezione dei confini del proprio corpo e della percezione emotiva (per i particolari sul lato neuropsicologico, si veda il lavoro di Ferri F., Frassinetti F., Ardizzi M., Costantini M., Gallese V."A Sensory Network for the Bodily Self", 2012, Journal of Cognitive Neuroscience). Inoltre, quando il soggetto è allarmato rispetto alla attivazione emotiva e diventa focalizzato sulle sensazioni fisiche, la corteccia prefrontale svolge un ruolo inibitorio verso l'insula, stato che sarebbe associato alla iperfocalizzazione e dissociazione.

In gravi disturbi mentali, come certe forme di psicosi, vi è una elaborazione delirante a partire da uno stato di dissociazione e depersonalizzazione o derealizzazione (ad esempio, la sindrome di Cotard dove il paziente è certo di essere morto). Alterazioni neurofisiologiche o neuropatologiche o processi psicologici possono alterare un corretto bilanciamento tra attenzione e coscienza dello stato fisico, dando vita a stati dissociativi acuti o cronici.

L'importanza del percepire e avere coscienza del nostro stato emotivo si fa sentire anche considerando che la difficoltà a "percepirsi " fisicamente altera il senso di noi stessi. In una certa misura, quando riflettiamo su noi stessi ciò che produciamo è un mix dove conta anche lo stato emotivo e fisico; nel me stesso c'è anche il sentirmi in un qualche modo. Quando alteriamo, per una qualsiasi ragione o causa, tale importante mix rappresentazionale, ciò che risulta è aberrante.

Vi sono alcune condizioni, l'esito di esperienze traumatiche, dove la coscienza e il ricordo della esperienza di una situazione spaventosa, di orrore o di estrema ansia sono essi stessi uno stimolo avversivo da evitare. Ricordare qualcosa di orribile sembra produrre reazioni di evitamento in tutti gli esseri umani; soltanto un processo di paziente accettazione delle esperienze e una relazione congrua con gli stessi ricordi o pensieri negativi può produrre una risposta più adattiva e funzionale.

La risposta traumatica di evitare i ricordi e le esperienze traumatiche è, però, proprio al servizio della sopravvivenza, almeno a breve termine. Una rielaborazione di quanto è avvenuto e cosa significa e la natura mentale di tale rapporto col passato è invece funzionale a lungo termine. Tuttavia, il riemergere di ricordi, pensieri, stimoli associati a un fatto traumatico non rielaborato produce stati dissociativi, proprio perché il soggetto non colloca congruamente tali stati mentali come mentali ma, invece, come segnali di un ritorno del pericolo nel presente. Inoltre, questo stesso processo mentale può diventare oggetto di evitamento e valutazione di pericolo determinando un ulteriore problema psicologico ricorsivo.

Se ci pensiamo bene, la riflessione su entrambi gli stati, percepire lo stato emotivo e reagire nell'emergenza o percepire smorzato lo stato emotivo e evitare lo stato avversivo, ci porta a capire come il nostro sentirci vivi passa dal sentire lo stato emotivo, pur senza valutarlo anormale ma congruo, intenso o pacato che sia. Al contrario, evitare di star male e evitare assolutamente di soffrire in qualsiasi modo porta a non sentirci normali e vivi. Troppo controllo esterno o troppo controllo interno portano a pagare un alto costo.

Il pensiero morale.

Egoista / etico.

Quando si è bambini, non c'è alcun dubbio o conflitto su questioni morali quali la prudenza, il dovere, la punizione, il possesso, le promesse, la reciprocità. Non vi è alcun dubbio. Ciò che si desidera è legge, e il desiderio è imperativo; tutto il resto è ingiustizia incomprensibile.

Non c'è alcuna traccia della mente dell'altro, delle ragioni che spiegano i comportamenti, dei punti di vista. Non vi è che un minimo accenno di metacognizione e teoria della mente.

In una molteplicità di situazioni, tutti noi abbiamo una prima impressione o per meglio dire una valutazione istantanea di ciò che è bene o male. Alcune volte, quando la situazione ci sembra un dilemma perfettamente bilanciato, tendiamo a risolvere con troppa fretta il nostro giudizio sospeso. E' come se dentro la mente agissero delle reazioni a caldo per avere una valutazione sul Bene o sul Male in qualche frazione di secondo o comunque in un istante.

Le impressioni morali, o le euristiche morali, agiscono molto velocemente e sembrano al servizio di un passato remoto quando, c'è da presumere, il decidere tra bene e male faceva una certa differenza in termini di vita e di morte di sé stessi e del gruppo di riferimento.

Sia nei bambini come negli adulti, i giudizi morali hanno bisogno di tempo di riflessione per servire bene nella funzione che sono deputati a svolgere. La mancanza di tempo, per diverse ragioni che possiamo immaginare o inventare, riduce la riflessione morale a reazioni di "mors tua, vita mea", dove "mea" significa me stesso e il mio gruppo primario di riferimento.

C'è purtroppo da dire che, in mancanza di argomenti autenticamente morali o aventi uno spessore riguardo il soggetto in relazione agli altri in riferimento ad azioni verso il bene o il male, le euristiche morali di sapore ancestrale e primitivo possono avere la meglio, anche se rivestite di apparenti giustificazioni, dall'aspetto retorico, ripetitivo e sospetto.

Da una parte non si può ignorare l'effetto che uno stato emotivo precedente può influire, come un "effetto alone", sul giudizio che diamo di una situazione. Ad esempio, dovendo giudicare un comportamento provocatorio di un ragazzo verso un altro, siamo molto più severi, in genere o in media, se quando ci viene chiesto di esprimere il giudizio siamo sereni o frustrati o ansiosi. Le emozioni negative o positive influiscono nella risposta valutativa morale, anche se dopo cerchiamo di giustificare la nostra risposta con qualche commento, solitamente piuttosto forzato. Soltanto, il riconoscere il nostro stato d'animo e sapere che effetto può dare, può immunizzarci dal pregiudizio e dall'effetto alone. Il non riflettere abbastanza o la cecità sulla nostra condizione come giudici e valutatori, può apportare qualche conseguenza negativa che possiamo trovare noi stessi incomprensibile e difficilmente spiegabile.

Non è certo una novità il tornare stressati dal lavoro e trovare intollerabile qualche sottigliezza negativa o leggerezza che è stata commessa in nostra assenza. In molte professioni, il controllo del proprio stato psicologico, e emotivo in particolare, è cruciale; probabilmente, il mestiere dove è caratteristico e più conosciuto tale monitoraggio e controllo è il mestiere di psicoterapeuta. Tuttavia, altre professioni si giovano utilmente della stessa attenzione a se stessi proprio per l'influsso nefasto che il mancato controllo o cecità verso il proprio stato emotivo può comportare: il giudice, il poliziotto, il chirurgo, il pilota, il tecnico adetto a lavori di alta attenzione. La parte importante del proprio autocontrollo è il tenere conto del ruolo svolto dalle reazioni emotive e saperle riconoscere; dunque, quando siamo chiamati a svolgere certi compiti, mettiamo un po' di attenzione a come stiamo ricordando il ruolo che ciò può comportare.

Uno dei capisaldi delle nostre reazioni morali istintive e basilari è il credere in un mondo giusto, equo, paritario, e regolare. E' per certi versi una idea che è sempre esistita, e che è molto persistente nell'infanzia; tuttavia, essa domina anche nella vita adulta dove non ci sia stata una educazione che abbia stimolato un pensiero critico in tal senso. La Natura non è né giusta né ingiusta. Il mondo sociale non è sempre giusto o equo o paritario; dipende dai rapporti di potere, dal contesto culturale, e dalla storia di quei gruppi coinvolti. Tutto questo può spiegare le ragioni di certe azioni e, pur non condividendole o non approvandole, possiamo relativizzarle e riportarle a fatti umani relativi a situazioni umane, spesso particolari e locali. Non è possibile generalizzare, anche se siamo sempre tentati a farlo.

Se crediamo nel Mondo Giusto, siamo tendenti a biasimare le vittime per la nascosta tendenza a causare la propria sventura. Se crediamo in una Natura Buona, siamo tendenti a sminuire il danno e l'orrore che certi disastri naturali causano a centinaia o migliaia di individui. Un virus causa 2 milioni di morti, e noi cerchiamo le azioni umane che hanno provocato la Natura che poi si è ribellata e ha ristabilito il suo equilibrio. Ovviamente, tutto questo è una favoletta alla quale ci aggrappiamo nel tentativo di darci una ragione razionale e comprensibile della sciagura e dell'orrore, e il non tentare di comprenderlo razionalmente ci esporrebbe alla passività e al vederci inermi.

In ogni epoca, le persone, di fronte a sciagure naturali causanti centinaia e migliaia di morti, hanno reagito a caldo con commozione e partecipazione, ma col tempo hanno spesso sviluppato atteggiamenti di "correzione" psicologica tendente a fare i conti con le regole rigide di "tutto giusto, tutto buono, tutto regolare". Di fronte a fatti eclatanti come l'Olocausto, le Torri Gemelle, i Terremoti, le guerre civili, le persecuzioni razziali, e fatti storici di questo tenore, le persone medie, non certo gli psicopatici, sviluppano spesso atteggiamenti di biasimo e di critica delle vittime; questo fenomeno psicosociale, che potremmo chiamare "dissonanza cognitivo-sociale" in collegamento al ben noto fenomeno e processo psicologico della dissonanza cognitiva di Leon Festinger, indica la tendenza a riportare un equilibrio tra fatti negativi e regole o standard tipo "giusto, buono, regolare" (una serie classica di esperimenti ed osservazioni della psicologia sociale; Doise, Duchamps, Mugny, 1980; Hogg, Vaughn, 2016). Se qualcosa è andato storto, c'è il motivo; purtroppo, questo è un inganno che si è dimostrato molto costoso quanto crudele, a sua volta. Il mondo non è giusto né equo, ma non sappiamo reggere questo dato di fatto.

Inoltre, come abbiamo visto in precedenza, alla base di molti atteggiamenti di giudizio interpersonale c'è l'onnipresente Errore Fondamentale di Attribuzione ovvero il focalizzare tutte le giustificazioni, scusanti e fatti specifici che intercorrono nella situazione, e che rendono conto delle nostre azioni e prestazioni, nel caso di condotta negativa o prestazione insufficiente. Nei confronti degli altri, invece, ricorriamo a spiegazioni incentrate sulla vera natura delle persone, sulla loro personalità, e su quelle caratteristiche centrali che parlano proprio di loro. A noi ci salva la situazione, gli altri li condanna la loro natura. Un vero doppio standard di giudizio.

Anche i comportamenti di gruppo sono elaborati allo stesso modo: il nostro gruppo ha tutte le attenuanti, il gruppo avverso ha una natura negativa e difettosa. Il nostro partner ha le stesse nostre attenuanti e gode delle stesse giustificazioni che sono riservate a noi, solo se non è nostro avversario in un conflitto. Se siamo nel corso di un litigio o siamo contrapposti al nostro partner, lui fallisce per natura, noi invece per il caso o per colpa della situazione. Ma, nel caso di una riconciliazione non abbiamo alcuna difficoltà a rielaborare i fatti alla luce delle spiegazioni a noi più favorevoli.

In sintesi, nei nostri confronti abbiamo fiducia e tutto il tatto e l'accortezza che ci vuole, verso gli altri la spietata necessità che il valore sia dimostrato dai fatti e dalle prove schiaccianti.

Tutto questo vale anche per i gruppi. Noi e gli altri. Noi, in caso di successo siamo meritevoli per natura e intrinsecamente, mentre gli altri sono stati semmai fortunati e valevoli solo per qualcosa di molto periferico e temporaneo. Al contrario, in caso di insuccesso, noi siamo stati svantaggiati dalla sfortuna, dal caso, dalle condizioni particolari, mentre gli altri sono inabili a causa di ragioni stabili e internamente presenti negli individui stessi. Tuttavia, come ampiamente dimostrato da anni di esperimenti di psicologia sociale sperimentale da psicologi come Ash, Sherif, Tajfel, Milgram, Doise e Zimbardo, la pressione alla normalizzazione e alla conformità passa attraverso aspettative negative e positive arbitrarie che sono manipolabili con una certa plasticità ma che, pur sempre, determinano comportamenti gruppali estremi. In un famoso esperimento tra studenti alla Università di Stanford, Zimbardo creò due gruppi di studenti e diede loro divise da guardie carcerarie e divise da detenuti; inoltre, nel piano sotterraneo del dipartimento di psicologia creò, con i suoi collaboratori, delle stanze adibite a prigione. Dopo un avvio divertente, nel corso di qualche giorno gli atteggiamenti di entrambi i gruppi erano così radicalizzati che si dovette interrompere l'esperimento, e questo avvenne più volte. Morale della storia, già anticipata dai celebri esperimenti di Sherif con i ragazzi in gita scolastica: una volta creati due gruppi, su basi arbitrarie, quello che accade è il radicalizzarsi della ostilità e competizione, molto oltre le aspettative di ciascun individuo, preso come singolo. Tuttavia, per dissolvere questo effetto, basta creare un nuovo gruppo in cui tutti gli individui si impegnano per il Bene comune, e tutto si riconfigura in un nuovo modo e con atteggiamenti unitari (Hoggs, Vaghan, 2006; Doise, Duchamps, Mugny, 1980).

Il gruppo può essere una risorsa nel Bene ed essere un spinta verso il Male. E' la forza del gruppo. Basta creare delle regole, e stabilirle prima, e definire gli effetti del contesto sociale, e il "gioco" è fatto. Ma, siamo troppo restii a riconoscere l'effetto e la pressione del contesto. Possiamo negare l'evidenza dei fatti e aggrapparci a tante giustificazioni, come abbiamo visto precedentemente. Giustificazioni che hanno sempre lo stesso schema: noi ok e gli altri non-ok.

Quello che si applica alla conformità e alla pressione psicologica e alla forza del gruppo, si applica anche alla obbedienza all'autorità. Lo psicologo Stanley Milgram, a Yale, studiò in una serie di celebri esperimenti quanto un soggetto tralasci i propri principi di altruismo, pacifismo e bontà per cedere alla pressione di una autorità. (Hoggs, Vaghan, 2006; Doise, Duchamps, Mugny, 1980). Dei volontari dovevano valutare il grado di accuratezza, apprendimento e memoria nella rievocazione di liste di parole in soggetti che erano in realtà collaboratori di Milgram. Ad ogni errore doveva essere somministrata una scossa elettrica progressiva attraverso un marchingegno elettrico che aveva dei pulsanti con le scritte delle relative cariche elettriche. L'effetto delle scariche era crescente e i volontari esaminatori potevano sentire i lamenti e i rumori che i soggetti facevano quando ricevevano queste scariche elettriche. Tutto era finto, naturalmente, ma all'insaputa dei volontari valutatori si voleva misurare fin dove ciascuno si poteva spingere nella grandezza delle scariche elettriche. Lo psicologo, in perfetta divisa e distintivo, esortava a proseguire nell'esperimento nonostante il soggetto che leggeva e ripeteva si lamentasse o implorasse di smettere. Alla fine si calcolò la media degli estremi raggiunti e il tipo di commenti e giustificazioni addotte dai volontari esaminatori. I risultati di questi esperimenti furono scioccanti e fecero il giro del mondo. Essi seguirono di poco il processo di Norimberga e il processo ad Eichmann, e fecero da grancassa al tema della obbedienza all'autorità, anche se ciò comporta agire il Male: come diremmo con Hanna

Arendt, la "banalità del Male". Fare il male non per malvagità, ma per mancanza di pensiero, di considerazione altrui, e per un semplice eseguire il proprio compito.

In questo ultimo caso, come anche in altri casi e contesti, c'è un "effetto obbedienza" che rimanda ad "effetto gerarchia" che agisce in modo sotterraneo. L'obbedienza come anche la gerarchia sono atteggiamenti funzionali alla sopravvivenza di un gruppo, alla sua efficienza, alla sua stessa ragione di esistere in quanto gruppo. L'autorità nella gerarchia non è solo autorevolezza ma è anche controllo, ordine, pulizia nell'azione. L'obbedienza è un ingranaggio funzionale della efficienza che attiene al poter contare che una parte di un sistema faccia quello che deve fare in modo stabile e garantito. Il sistema deve difendere questa regola, quindi l'obbedienza, e quindi il controllo delle parti, senza però doverci troppo spendere risorse di sorveglianza e manutenzione. Ecco che un gruppo sopravvive quando il meccanismo dell'obbedienza "fila liscio come l'olio". Tuttavia, effetto obbedienza ha dei pesanti costi sull'individuo, e poi probabilmente nel gruppo nel lungo termine. L'autodeterminazione in ciascuno di noi è il più grande nemico della mentalità gruppale e dei meccanismi psicologici sotterranei dei gruppi, e in questo senso la intraprendenza individuale è vista come la negazione di uno spirito di corpo.

Proviamo a fare un esempio. Se qualcuno è in pericolo, per strada, ma nessuno interviene, c'è la tendenza a diffidare e a non intromettersi; è come se fosse attiva una regola che dice "fatti i fatti tuoi", o "non immischiarti, qualcuno interverrà". Questo è un indicatore della mancanza di autodeterminazione e della condotta sotto il controllo dell'effetto-maggioranza o della pressione della maggioranza o del gruppo. L'esempio famoso nella psicologia sociale è il fatto di cronaca americano di Kitty Genovese, la quale fu assassinata davanti agli sguardi dei passanti; essi avevano tutto il tempo per intervenire in vari modi, ma non fecero nulla e non si immischiarono in una lite tra due persone che appariva loro come qualcosa di privato, e restarono inermi. (Hoggs, Vaghan, 2006; Doise, Duchamps, Mugny, 1980).

Un altro esempio sempre relativo alla mancanza di autodeterminazione e agency morale è il famoso esperimento del "buon samaritano", celebre e molto citato in vari contesti. Alcuni studenti di teologia furono esposti a una lezione sulla parabola del buon samaritano in cui si chiedeva agli studenti di commentare e chiarire il senso di tale passo della Bibbia. In un secondo momento la classe fu chiamata a assistere ad una altra lezione in un'altra aula e dovevano tutti raggiungerla in fretta. Nel passaggio, tutti gli studenti passavano attraverso un lungo corridoio dove c'era un soggetto (sperimentale) riverso per terra e visibilmente in difficoltà. Risultato: quasi tutti passarono oltre, lo scavalcarono, non prestarono alcun aiuto, e sconfessarono nei fatti le buone parole che avevano speso commentando la parabola biblica (Kahneman, 2012; Hoggs, Vaghan, 2006). Ancora una volta l'agire individuale verso l'altruismo era stato inibito dal meccanismo sociale dell'atteggiamento conservativo dell'effetto gruppale. La regola implicita del "ti è stato detto di andare in fretta lì, dunque vai in fretta lì", che è uguale al "fai questo, e non pensare", aveva vinto contro un normale altruismo e compassione che anche sono onnipresenti in ciascuno di noi.

Il "buon samaritano" è stato un modello di sperimentazione nella psicologia sociale molto utilizzato, con le opportune varianti a seconda delle tematiche studiate; il centro del protocollo resta sempre lo studio dell'ipocrisia. In una variante da noi utilizzata, la situazione sperimentale era la seguente. In una riunione di una associazione di professionisti psicoterapeuti si era diffusa da un po' di tempo la affermata volontà di essere anche amici oltre che colleghi, per seguire un incoraggiamento di un autorevole "sponsor" di quella associazione professionale; quindi, l'amicizia presunta e strumentale o autentica era il tema sensibile studiato. L'espediente sperimentale era una richiesta di uno dei partecipanti di avere un feedback su un breve racconto di 4 fogli prima che lo spedisse ad un concorso narrativo. L'ambito era un extra rispetto allo scopo della associazione e la richiesta faceva appello al lato umano e non professionale dei colleghi. I risultati hanno evidenziato che il 91% non ha inviato alcun feedback. Il commento che si può fare è che nonostante le affermazioni di volontà di amicizia accanto alla collaborazione professionale, il comportamento effettivo autentico ha smascherato la ipocrisia delle affermazioni e segnalato una realtà marcatamente individualistica e noncurante delle richieste del singolo e di uno sforzo di tempo in tale direzione (il leggere 4 fogli).

Sia il contesto che i vantaggi di porci in una luce altruistica (in realtà, falsamente e ipocritamente altruistica) devono farci ricordare che possiamo essere molto meno "puri" moralmente, e molto più scaltri e manipolativi.

Tutto questo deve farci riflettere sulla forza della situazione sulla nostra predisposizione altruistica; non siamo affatto disposti ad ammettere che ciascuno di noi può essere"manipolato" dalla pressione del gruppo e dalle spinte dell'effetto-maggioranza. Ognuno di noi pensa di se stesso che avrebbe fatto diversamente, ma ciascun soggetto poi opera secondo le leggi della psicologia sociale sperimentale: cede al gruppo e alla forza della situazione. In questa direzione, però, è bene pensare a quanti, invece, si oppongono, riflettono, si distanziano e operano secondo un principio di autodeterminazione altruistico. C'è qualcosa di eroico che deve essere in qualche modo un modello e uno spunto di riflessione comune. C'è bisogno di tenere conto che ciascuno di noi è sempre sottoposto alle pressioni al conformismo e alla mentalità gruppale, come anche all'effetto-situazione; in tal modo, possiamo identificare i conflitti, normali e sacrosanti, che si formano dentro il nostro intimo e riconoscere le spinte e gli effetti contestuali.

Un ultimo aspetto universalmente presente in noi è la capacità di giustificare qualsiasi azione, non è chiaro quanto sia però estesa questa categoria, se c'è un tornaconto piuttosto che niente. Quando ci viene chiesto di fare qualcosa di noioso, ma ci viene dato un bonus significativo, quel qualcosa diventa importante e interessante, rispetto a chi non riceve nulla. Fare qualcosa di sgradevole ma ricevere una ricompensa significativa rende meno sgradevole moralmente il nostro atto, e siamo anche disposti a spiegare quanto sia rilevante l'azione con una varietà di scuse e giustificazioni, anche grossolane e sospette. Questo fenomeno psicologico, che abbiamo già incontrato, si chiama Dissonanza Cognitiva e, come abbiamo ricordato, si deve allo psicologo Leon Festinger l'averlo descritto; esso è alla base di una lista molto lunga di cattive azioni e false giustificazioni che rende in qualche modo molto plastico e dinamico il nostro senso morale. In una direzione molto simile, lo psicologo Albert Bandura ha studiato le auto-giustificazioni e razionalizzazioni che ci diciamo per evitare di prenderci pienamente una responsabilità in contesti di pressione sociale. (Hoggs, Vaghan, 2006; Doise, Duchamps, Mugny, 1980).

Questi effetti, processi e fenomeni della psicologia sociale riguardanti il senso morale e le condotte altruistiche devono essere tenute sempre in conto e mai dimenticate. Non ammettere mai delle debolezze morali, magari pensando come se ci fosse troppa identità tra sé stessi e i nostri lati morali, piuttosto che vederli come aspetti di noi insieme ad altri aspetti, determina una diminuzione della capacità di capire noi stessi e gli altri. Una mancanza di pensiero e di riflessione comporta una svista morale che può essere, a volte, molto rilevante.

Il pensiero realista.

Distacco dalla realtà / realismo.

Il delirio è pensato come la quintessenza della pazzia, della mancanza di ragione. Delirare, dall'etimo "uscire dal solco", intendendo il solco della ragione, è visto come il segno della mancanza di realismo e di sanità mentale. Da molto tempo, ci siamo affezionati all'idea che la sanità mentale sia una questione di realismo e che il delirio sia una convinzione erronea creduta ostinatamente in mancanza di prove. Ora, questo punto sembra richiamare alla nostra attenzione uno scenario contrario: folle di soggetti che credono nel paranormale, in divinità esotiche, in possessioni demoniache, e in una varietà di stranezze assai multi-composta. E' difficile, in tal caso, ritenere che si tratti di malati mentali quando i numeri di tale fenomeno sociale sono cospicui. Si credono cose assurde, e ci credono in tanti. Detto questo, definire come delirio una convinzione stramba, o erronea, che non ha prove, è ancora troppo poco; dovrebbe essere aggiunto che la credenza è avulsa dalla cultura o dall'ambiente a cui il soggetto appartiene. In questo caso, il delirio sembra costituire un salto, una deviazione netta da un entourage di appartenenza. Ma, anche qui, i clinici sanno bene come non sempre il contenuto delle convinzioni deliranti risulti strambo, ma può essere strana o divergente o deficitaria la capacità di pensare, di svolgere un ragionamento concatenato, un filo logico. Il contenuto può anche essere strano, ma il processo psicologico del pensiero deve essere alterato, altrimenti un soggetto potrebbe sposare una convinzione, certamente lontana dal suo ambiente, certamente strana e apparentemente assurda, ma condivisa da altri soggetti sparsi variamente per il pianeta. Inoltre, e non è meno importante, dovrebbe essere ricostruito il processo psicologico in base al quale un soggetto sviluppa una credenza; in particolare, quale dato viene valutato dal soggetto delirante. In questo ultimo caso, gli psicologi clinici sanno bene che i soggetti deliranti considerano come prove o dati delle credenze alcune erronee identificazioni e classificazioni di esperienze interne, mentali, che diventano il supporto privato delle costruzioni deliranti (Bentall, 2004; Cupitt, 2019).

Per comprendere bene la criticità del concetto di convinzione consideriamo che, almeno nella grande maggioranza dei casi, noi crediamo qualcosa appigliandoci ad alcuni criteri.

Un primo aspetto è che si crede per "plausibilità", considerando un dato come se fosse un dato di fatto. Un dato è credibile se appare o viene considerato quasi come un dato percettivo, di prima mano.

Un secondo aspetto è che la fonte di una credenza deve essere anche essa affidabile. Non crediamo a chiunque dica o racconti qualsiasi cosa, ma ci affidiamo alla considerazione che chi parla, solitamente, dice cose vere e fondate su prove. I genitori, ad esempio, sono fonti affidabili per il bambino piccolo, e non potrebbe non essere così dato che tutto il repertorio delle acquisizioni cruciali proviene dal rapporto precoce con chi ci sta sempre vicino e si prende cura di noi e verso cui siamo "attaccati" in un rapporto di mutuo legame significativo.

Un ulteriore aspetto è che crediamo ad un dato se esso può essere assimilato ad altre conoscenze simili. Questa ricerca di "matching" e di assimilare dati a categorie preesistenti è una ricerca di coerenza all'insegna del risparmio di "energia" e sforzo, premiando la velocità e la prontezza. Il bisogno di coerenza regge un comprensibile bisogno dei soggetti di muoversi in un mondo stabile, comprensibile e sotto controllo. Capire, in un certo senso, vuol dire includere una informazione in qualcosa di esistente.

Un ulteriore aspetto ancora è quello che una credenza spesso regge un'altra credenza, e si inserisce in una rete di convinzioni, legate tra loro, spesso in modo mutuale o concatenato. Dovesse crollare una credenza del genere, crollerebbe anche una parte di una rete di convinzioni che governa un ambito del soggetto.

Facciamo un esempio. Se credo ad una visione laica del mondo e della natura mi darò delle spiegazioni su qualche fenomeno, anche inusuale, ma che tento di ricondurre ad un piano di spiegazione naturale. Ad un certo punto, mi accade qualcosa e la inquadro come un segno divino. Questo cambiamento in un punto della rete di convinzioni può far crollare tutta una serie di altre spiegazioni che si reggono l'un l'altra su certi punti: esiste Dio o no? Egli interviene o no?

Ora, considerato quanto detto, è abbastanza chiaro che una buona parte del nostro atteggiamento standard è basato sul pregiudizio. Un pregiudizio è pur sempre un giudizio già presente, una convinzione o valutazione già esistente nella rete di conoscenze che abbiamo. Finché una struttura di conoscenze regge, essa include informazioni, distorcendo un minimo e includendo più che si può. In questo ricordiamo ancora la dinamica della conoscenza della teoria di Jean Piaget e i concetti di assimilazione e accomodamento. Si assimila includendo finché regge un senso e una certa coerenza, altrimenti si accomoda creando una nuova struttura di senso. Il pregiudizio, appunto funziona in tal modo, includendo in grandi categorie informazioni a disposizione. Il vantaggio è la prontezza e il risparmio di sforzi di elaborazione, lo svantaggio è la distorsione dello stimolo e la relativa inaccuratezza. Al contrario, la rinuncia alla generalizzazione del pregiudizio espone allo svantaggio della confusione, del tempo necessario a comprendere e capire il fenomeno, tuttavia aggiunge il vantaggio della scoperta e sviluppo di aspetti nuovi dell'esperienza e della conoscenza di sé e del mondo esterno.

La tendenza a confermare troppo presto le informazioni già in nostro possesso può prendere diverse forme. Ad esempio, se partiamo con una idea riguardo agli abitanti di una regione o di una nazione diversa dalla nostra, nella maggior parte di noi avverrà una facilità e una disponibilità a notare molti più dati, informazioni ed esempi più a conferma che a disconferma. Il risultato sarà certamente il mantenimento della idea di partenza, salvo incidenti e esperienze eccezionali. La spinta a confermare è internamente già prevista nel funzionamento del nostro meccanismo di formazione delle conoscenze, e correlato al funzionamento delle strutture neurofisiologiche deputate a questa funzione. Ovviamente, questo non vuol dire affatto che non si possa modificare o aggirare questo tipo di predisposizione. Tenendo conto del nostro modo normale di funzionare, prevedendolo quasi, possiamo agire in modo più lungimirante e attento, incappando solo minimamente nella trappola della conferma e nel pregiudizio. La maggior parte dei sintomi psicotici, o perlomeno deliri e allucinazioni, si basano sul pregiudizio. In questo caso il problema non è, come si credeva mezzo secolo fa, un difetto dell'eccesso di pregiudizio e di convinzioni eccessivamente inclusive "a priori", anche se questo aspetto è comunque presente (il bias del "jump to conclusion" negli esperimenti sul ragionamento dei soggetti psicotici riflette la presenza del meccanismo del pregiudizio), ma un problema difettoso nella correzione del normale processo di assimilazione che è alla base dell'orientamento e della conoscenza. In sostanza, è proprio la correzione e il porre attenzione al normale processo di generalizzazione che risulterebbe difettoso. Come dire: la prima idea è quella giusta.

Molti dati, oggi, sembrano confermare che le difficoltà a riflettere sul funzionamento della mente, la difficoltà a sforzarsi di tenere in conto la preminenza e facilità della prima ipotesi, determinerebbe la persistenza di convinzioni e tentativi di spiegazione delle proprie esperienze (come ad esempio, le allucinazioni) divergenti e deliranti. Pensieri intrusivi, fantasie, sogni ad occhi aperti, immaginazione, sarebbero tutti processi normali della mente che sarebbero inquadrati come dati di fatto e non come esperienze interne distinte dalla realtà esterna.

Questi processi spontanei, e per certi versi intrusivi nella mente, diventano dati e avviano e facilitano il processo di assimilazione.

Un aspetto che è molto rilevante per la formazione delle credenze è la prospettiva mentale. Una valutazione o un giudizio sono stati della mente che avvengono sulla base di una prospettiva, di un campo di coscienza dove sono sotto attenzione certi stimoli. Se la prospettiva mentale del soggetto cambia, potrebbe cambiare anche il giudizio. Ciò è, in effetti, quello che si osserva nella maggior parte dei contesti nella maggior parte degli individui. I giudizi e le valutazioni sono relative al contesto e alla prospettiva mentale. Un esempio di tale processo è il considerare una domanda che ha un accento sul positivo e che facilita un tipo di risposta, nella maggior parte di un campione di soggetti; se, però, poniamo la domanda con un accento al negativo, i risultati potrebbero essere diversi o anche ribaltati e capovolti. Queste ricerche, sulla prospettiva mentale, sono state portate avanti negli anni '70 da Kanheman, Tversky e collaboratori, e culminate nel premio Nobel sulle euristiche di ragionamento nelle decisioni, e i loro sforzi scientifici conosciuti come "teoria del prospetto" (Kahneman, 2012). La prospettiva mentale è talmente importante che può essere un processo determinante anche in ambiti vitali dove il giudizio ha conseguenze profonde o cruciali sulla popolazione. Un esempio è la formulazione del quesito di un referendum mirato a verificare l'opinione della popolazione su temi anche critici per la democrazia o per la vita culturale di una nazione.

La prospettiva mentale sposta l'attenzione su stimoli differenti. La domanda "Quanto sei soddisfatto della tua vita?" orienta i soggetti a pensare su aspetti positivi, elencarli e poi, eventualmente, valutarli attraverso una scala numerica (ad esempio, da 1 a 7 o da 0 a 10). Se noi capovolgiamo l'accento e la prospettiva mentale sugli aspetti negativi avremo la domanda "Quanto sei insoddisfatto della tua vita?" avendo, con una buona probabilità, un risultato nettamente diverso, perché il processo mentale innescato è diverso e il campione di stimoli indotti dalla domanda è diverso. (questa è una delle ragioni per cui di certe materie se ne dovrebbero occupare gli psicologi e non altre figure professionali non preparate).

La prospettiva mentale di una domanda dirige il campo di osservazione su stimoli che possono essere differenti. Se io chiedo a degli studenti in Medicina "Quanto è importante per te l'altruismo?" avrò un risultato; se chiedo, però, agli stessi studenti "Quanto non è importante per te l'altruismo?" avrò un risultato sorprendente. Questi studenti potrebbero sembrare, forse, poco adatti ad intraprendere una professione basata anche sull'aiuto al prossimo.

Un posto davvero importante è occupato dalla capacità di identificare le correlazioni tra eventi. La nostra mente è, in un certo modo, predisposta alla identificazione di eventi contingenti perché questo permetterebbe, o ha permesso in epoche remote, di scorgere in anticipo un pericolo mortale. Ad esempio, "tutte le volte che senti un fruscio nel silenzio, scappa, potrebbe essere un predatore che avanza tra l'erba". La identificazione delle associazioni tra eventi può essere compresa come una relazione tra i due eventi, o un calcolo in cui è probabile che i due eventi, dato l'uno ci sarà l'altro. Tale relazione, appunto la correlazione, non significa identificare la causa (che può essere un terzo o diverso fattore), ma significa stabilire una variazione comune, una occorrenza associata.

Ora, la identificazione di correlazioni in un mondo complesso è davvero una impresa molto difficile per le nostre menti, senza l'aiuto di un programma statistico. Il rischio solitamente è di produrre giudizi errati di correlazione illusoria. Questo tipo di errore è una applicazione particolarmente insidiosa del pregiudizio, del quale abbiamo trattato più sopra.

Se crediamo che un soggetto sia predisposto a comportamenti violenti e crediamo che gli eventi della sua storia lo testimonino, tenderemo a notare tutti quegli eventi biografici che confermano tale tesi, senza minimamente accennare o notare tutti quelli che la contraddicono. Il risultato sarà che la biografia confermerà la diagnosi di tendenza alla violenza. Ma c'è, ovviamente, un problema psicologico e scientifico da registrare: il contro-esempio che è stato escluso dalla nostra attenzione. In tutti i casi in cui siamo propensi a confermare una tesi, escludiamo il contro-esempio, e dal punto di visto scientifico, escludiamo metà del procedimento standard di ogni disegno sperimentale. Le evidenze empiriche, ossia fattuali, dei contro-esempi sono l'asse portante di ogni ragionamento o argomentazione scientifica che si rispetti; il privarsene è altamente sospetto.

Ci sono degli aspetti del pensiero che si basano su sensazioni o emozioni come base di partenza o come fondamento. Il sentimento di familiarità, ad esempio, è un indice che fa da base ad una serie di relazioni ed atteggiamenti, tuttavia questo singolo aspetto può essere distorto o deficitario. Proviamo a pensare se le basi neurofisiologiche del sentimento di familiarità e riconoscimento siano danneggiate; a questo punto dovremmo avere un risultato anomalo nei sintomi del pensiero dei soggetti esaminati.

Ciò è proprio quello che si osserva in alcune condizioni psicopatologiche che hanno correlati neurobiologici alterati, come le demenze, i disturbi neurocognitivi specifici, quali afasie, agnosie, aprassie, e condizioni più rare e selettive come alterazioni di specifici centri corticali e sotto-corticali deficitari. In sindromi come la malattia di Cotard, in cui il paziente afferma di essere morto, o nella sindrome di Capgras, nella quale il paziente non riconosce i familiari e ritiene che siano dei sosia, si osservano dei danni cerebrali specifici (...). Il pensiero si appoggia su basi alterate e distorte, e permette che stimoli contestuali, interni e esterni, siano il fondamento delle credenze e dei ragionamenti. Il risultato è il delirio e la elaborazione delirante avviene a partire da deficit delle funzioni cognitive.

Ulteriori aspetti della alterazione del ragionamento e del realismo sono alcuni errori del ragionamento conosciuti come "JTC" (jump to conclusion) o "saltare alle conclusioni". La alterazione di un processo a stadi del pensiero critico e della formazione e verifica di ipotesi si basa sulla abbreviazione di aspetti cruciali della rappresentazione di una ipotesi. In numerosi e celebri esperimenti, gli psicologi sottoponevano soggetti clinici e non clinici di controllo alla formulazione di ipotesi su una varietà di condizioni, dal colore di palline alternate in modo controllato alle ipotesi sul tipo di carta da gioco che sarebbe stata estratta in modo ordinato. Tutti questi esperimenti si basavano su un disegno sperimentale comune: il fornire i dati della probabilità di base degli elementi stimolo. Il risultato costante è stato quello del notare una tendenza da parte dei soggetti al saltare subito alla conclusione e il rispondere troppo presto da parte dei soggetti clinici, ma non da parte dei soggetti non clinici di controllo. La conclusione a cui sono giunti diversi autori e ricercatori è che nei soggetti con disturbi psicotici è alterato il processo cognitivo del ragionamento critico, basato sugli stati della rappresentazione di una ipotesi basata su dati come la frequenza di base. Ad esempio, se c'erano 50 perle nere e 10 perle bianche, come dato di base, l'estrazione di 3 perle bianche e la richiesta di ipotizzare la successiva (bianca o nera), ciò portava i soggetti clinici a scegliere la perla bianca, quando i controlli non clinici, invece, sceglievano correttamente la nera (basandosi sulla probabilità di base). Il formulare le ipotesi basandosi su dati contingenti e avulsi dalla comprensione della frequenza di base è ritenuto un bias del ragionamento presente nella psicosi e nella impulsività grave. Ma c'è un piccolo problema. Mentre la popolazione normale, tende ad avere bias cognitivi e nel ragionamento in condizioni di ambiguità, fretta, e carico emotivo, e ciò è stato descritto come una caratteristica stabile del pensiero normale (le euristiche cognitive), i soggetti clinici erano incapaci di percepire l'ovvio anche in condizioni controllate e pacate, almeno esternamente. Quindi, mentre tutti noi siamo sensibili a fare errori in particolari condizioni complesse, i soggetti deliranti sembrano alterare il processo cognitivo di base in qualsiasi condizione.

Come abbiamo accennato precedentemente, la capacità di attribuire correttamente i nostri sentimenti e le nostre emozioni a ciò che pensiamo e quindi dare senso ai nostri stati mentali è una garanzia di salute mentale e stabilità. Al contrario, una momentanea confusione o una stabile incapacità di capire e attribuire i nostri stati emotivi ai nostri atteggiamenti e alle nostre valutazioni determina una confusione che porta i soggetti a cercare delle spiegazioni. Molto spesso, le spiegazioni sono costruite come "esternalizzazioni", spiegazioni di cause che sono all'esterno di noi e risiedono nel contesto. Ad esempio, piuttosto che attribuire la nostra ansia alla preoccupazione di poter ammalarsi e non guarire, il sentirsi ansiosi viene attribuito alla presenza di una malattia già in atto. Oppure, piuttosto che attribuire la nostra rabbia alla valutazione di aver subito un torto dal vicino di casa, attribuiamo lo stato di irritazione all'effetto di qualcosa che ci viene fatto dall'esterno. Le spiegazioni esternalizzanti sono tentativi di spiegazione che spesso vengono utilizzate sulla base di una difficoltà a capire i propri stati mentali, e i collegamenti tra processi mentali diversi tra loro, come le valutazioni e le emozioni. Lo stesso tipo di spiegazione viene costruita dai soggetti clinici quando hanno difficoltà a percepire le proprie intenzioni come "proprie" e interpretano i propri atti come indotti esternamente da altre menti o altri esseri, magari invisibili. In seguito, possono anche immaginare delle spiegazioni su chi sarebbero tali esseri. In questi casi, appare evidente che il processo deficitario alla base di tali stati mentali è la incapacità di percepire le proprie intenzioni, di agire, parlare o volere, come proprie, come interne.

Ritornando alla questione del delirio e della normalità, sembra che nella popolazione generale siano diffuse credenze bizzarre, esperienze inusuali e brevi e temporanee allucinazioni. Ciò, in parte, sembra dovuto al fatto che esperienze non ben comprese possono aver dato avvio a credenze e miti che sono da sempre esistiti, e in tal modo si mantengono vivi. D'altra parte, micro-deficit, e piccole e selettive alterazioni dei processi mentali e probabilmente anche alterazioni del sostrato neurobiologico di tali processi sia più diffuso di quello che si pensa comunemente, come riflesso dalla epidemiologia delle maggiori psicopatologie. Micro-alterazioni dei processi mentali potrebbero dare una rappresentazione molto diversa della diffusione dei deliri e delle allucinazioni nella popolazione generale, insieme con una diversa idea della ampia diffusione di fonti inaffidabili e distorte delle credenze. Le illusioni della percezione e del ragionamento possono essere molto più diffuse di quanto pensiamo, e costituire parte della base della mancanza di realismo e buon senso che si riscontra in alcune persone.

Un antidoto alle illusioni come base del ragionamento è il pensare che illudersi è molto più frequente e "normale" rispetto a quanto crediamo e che, tuttavia, siamo sempre disponibili a ritornare a mettere i piedi per terra. Accettare un realismo flessibile è una maggiore garanzia di salute mentale rispetto a non tollerare distorsioni e credere che la salute mentale sia credere il vero in tutti i contesti, in modo rigido.

Il pensiero conoscitivo.

Credenze acritiche / flessibilità e prospettiva.

Una esperienza molto comune per tutti gli esseri umani è il non cambiare idea facilmente, almeno per le convinzioni rilevanti. Questo è ancora più vero per quanto riguarda le credenze relative al proprio sé e all'amor proprio.

Un certo tipo di convinzioni è resistente al cambiamento anche in presenza di informazioni che le contraddicono. Quello che tutti facciamo è il sottoporre le informazioni a "due pesi e due misure"; le informazioni a supporto delle nostre tesi sono esaminate in modo benevolo e senza eccessiva severità nel giudizio sul supporto che hanno, mentre le informazioni contrarie vengono "messe al setaccio" e scrutate in modo eccessivamente esigente. Il risultato è uno squilibrio a favore del supporto alle nostre convinzioni di partenza.

L'aspetto abbastanza interessante è che una volta avuto un "solido" supporto alle nostre tesi e ricavato in tal modo un piacevole conforto abbandoniamo totalmente la ipotesi disconfermativa e le informazioni che contraddicono le nostre convinzioni sono ignorate e scartate. Chiaramente, con questo atteggiamento, una tesi diventa sempre più apparentemente forte e, per quanto non in modo cosciente, indiscutibile.

Questo processo di inganno a proprio favore relativo alle convinzioni importanti ha almeno due effetti: tende ad aumentare la propria autostima e ci fa sentire più sereni e con la sensazione che tutto sia ok e vada tutto bene e sotto controllo; il secondo effetto è il determinare una sensazione di infallibilità e quindi per conseguenza di essere molto dotati e intelligenti.

Un altro effetto, o perlomeno una variazione degli effetti già menzionati, è la profezia che si autoavvera (o effetto Rosenthal, dal nome dello psicologo Robert Rosenthal, o effetto "pigmalione"). Questo effetto psicologico è dovuto all'incoraggiamento, ad esempio di un insegnante, che produce un innalzamento della propria fiducia e quindi dell'impegno e di conseguenza della efficacia delle proprie prestazioni. Se è abbastanza facile da cogliere l'importanza dell'effetto di un buon atteggiamento pedagogico sulle prestazioni scolastiche e sull'apprendimento, non è così immediato cogliere il caso contrario. E', invece, altrettanto potente un effetto dovuto ad un atteggiamento ostile, un pregiudizio espresso, un modo aggressivo e urtante, sugli esiti scolastici e sulla qualità dell'apprendimento, in quasi ogni età, con

1

particolare e ovvia rilevanza per l'età evolutiva. L'impatto di un pregiudizio negativo e di un effetto Rosenthal al contrario è particolarmente infausto e dannoso per un individuo in crescita, arrivando a minare la fiducia in sé stesso e negli altri fino a contribuire allo sviluppo di condotte antagoniste e devianti. Questo aspetto è così importante che dovrebbe promuovere una valutazione e una vigilanza dei reali atteggiamenti esercitati dagli educatori e da tutti i professionisti che lavorano a diretto contatto con gli altri.

Questo processo psicologico-sociale, molto noto nella psicologia scolastica, nella psicologia del lavoro e delle organizzazioni, ha un potente effetto nella psicologia individuale. Un esempio classico è l'effetto placebo. Questo effetto psicologico consiste nel credere che una sostanza, una pastiglia, sia efficace produce un lieve effetto significativo sulle condizioni studiate, anche se la sostanza è inerte. L'effetto che ha il credere nell'efficacia di un fattore, la fiducia che riponiamo in quel fattore specifico, ha un suo preciso effetto studiato. Facciamo un esempio, se assumiamo un antidolorifico e siamo molto convinti del suo spiccato effetto, è molto probabile che abbia effetto, almeno secondo il giudizio soggettivo e secondo l'esperienza che ne fa la persona che lo assume. Infatti, quando si controlla scientificamente l'efficacia di un farmaco o di un metodo terapeutico, il controllo dell'effetto placebo è molto importante; la differenza statisticamente significativa tra un vero agente terapeutico e un fattore inerte è, attualmente, il criterio discriminante se qualcosa funziona o no dal punto di vista scientifico. Tuttavia, dal punto di vista puramente psicologico, l'effetto placebo apre un settore, spesso trascurato, molto rilevante e che mira a mettere in risalto i fattori associati alle credenze (o all'autosuggestione) nella valutazione del proprio stato, della propria felicità, nella valutazione del malessere e delle soggettive condizioni di vita. In pratica, ci si sente felici, non si è felici.

Un aspetto non scontato della difficoltà a cambiare convinzione è il tentativo di scongiurare un pericolo peggiorando la situazione. Alcune persone, pur di evitare di fronteggiare un giudizio negativo da parte di una persona cara, sviluppano un atteggiamento particolarmente vischioso, pedante, dipendente e insistente che finisce per peggiorare i rapporti con quella persona importante. Per fare meglio, si fa peggio; anzi, per avere l'ottimo, si cerca di strafare e si compromette il meglio. Ci sono una varietà di esempi che si possono fare: una donna teme di essere lasciata e vigila in modo ansioso e insistente sugli interessi e frequentazioni del compagno, non escludendo le richieste di rendicontare ogni ritardo o mancato gesto di intimità. Il destino, solo apparentemente paradossale, si paleserà con il peggioramento dei rapporti nella coppia, con l'ovvia conseguenza che il compagno si stancherà delle insistenza e della cocciutaggine della sua compagna. Se a questo esempio ci aggiungiamo che la persona insicura potrebbe avere una storia di trascuratezza, minaccia affettiva, e maltrattamenti fisici o psicologici, abbiamo la rappresentazione del Disturbo di Personalità Borderline, ovvero la quintessenza dei problemi relazionali di coppia. La minaccia del non essere amati in modo totale, che garantisca un essere compensati dalle minacce affettive subite, porta a peggiorare o sabotare involontariamente ogni rapporti significativo, al contrario dei rapporti convenzionali e superficiali.

Un esempio simile, può essere fatto anche con il Disturbo di Personalità Dipendente. I soggetti patologicamente dipendenti tendono a pensare di essere inadeguati e incapaci a occuparsi in modo efficace della propria vita, se non sono assistiti e aiutati da qualche figura di riferimento; sono cronicamente insicuri di sé stessi. Queste persone tendono a chiedere continuamente rassicurazioni e aiuto a figure chiave, dalle quali dipendono e che tengono sempre e costantemente sotto controllo. Questo atteggiamento può alla lunga essere percepito come opprimente e stancante da parte di chi è visto come una figura di riferimento da costoro. La conseguenza di questa dinamica relazionale è il deteriorarsi del rapporto, l'aumentare della minaccia di distacco e mancato aiuto, e il peggiorare dell'ansia di trovarsi davvero incapaci e inadeguati, con conseguenze credute catastrofiche, peggiorando gli aspetti sia ansiosi che depressivi.

Dunque, l'effetto Rosenthal nelle condizioni negative, pur essendo meno noto, è molto importante sia nei contesti relazionali e gruppali che individuali. Perché non cambiamo le nostre più intime e importanti convinzioni? Se modificassimo continuamente le credenze sul mondo e sui nostri punti di forza e sulle nostre strategie di soluzione, non avremmo alcuna possibilità di prevedere scenari e condizioni potenzialmente pericolose. Inoltre, le credenze che vorremmo fossero incrollabili sono con tutta probabilità informazioni relative al controllo, alla valutazione che tutto è ok, sotto-controllo. Questo implica che, pur essendo importante evitare i pericoli, nessuno vuole affrontarli o pensarci, almeno se non è costretto o per ragioni di forza maggiore. Tutti amiamo stare tranquilli, sereni e in pace; se ci occupiamo di grane e di problemi da risolvere particolarmente frustranti è perché riteniamo di non poterne fare a meno. Il non farlo implicherebbe esporsi ad un problema maggiore: ci dirigiamo verso ciò che ci affanna, per non affrontare ciò che ci farebbe soffrire molto di più. Quindi, in situazioni ordinarie e non d'emergenza, siamo tutti orientati a mantenere lo status quo e la tranquillità relativa, piuttosto che turbarci preventivamente, anche se per un buon proposito futuro.

Un aspetto in linea con il senso che assume il mantenimento di una tranquillità "edonica" basata sull'uovo oggi piuttosto che la gallina domani, è il vantaggio secondario che assume la disponibilità, una volta tranquilli di noi e del mondo, ad assumere certe informazioni e certe prospettive che sono in lieve contrasto con qualcosa che crediamo. In questo modo possiamo, perifericamente e tangenzialmente, operare dei cambiamenti del sistema di credenze. Si tratta di un effetto studiato dallo psicologo Jack Brehm, e noto come "reattanza psicologica". La reattanza psicologica è quell'atteggiamento di resistenza alla minaccia percepita di controllo e limitazione della propria libertà e capacità di autodeterminazione. Tutti gli individui monitorano gli altri e sono sensibili allo scopo di salvaguardare la capacità di scegliere e autoregolarsi in modo autonomo. Quando ciascuno di noi scorge una minaccia della libertà di scegliere, resiste opponendosi, anche in modo estremi e fuori luogo. Un bisogno molto sentito dagli individui è proprio la libertà di autodeterminarsi verso la quale libertà si può essere più o meno sensibili, o ipersensibili. Un soggetto che ha conosciuto la limitazione traumatica della propria condotta o della facoltà di decidere eviterà quelle condizioni, sarà ipersensibile ai contesti simili, e reagirà in modo oppositivo direttamente o indirettamente, senza che tutto questo debba specificatamente essere pienamente consapevole.

La reattanza psicologica è ben evidente nei tentativi di convincere o far pressione su qualcuno in argomenti che per lui sono sensibili. Anche negli interventi psicoterapeutici, lo psicologo sa bene che interventi mirati a discutere di idee deliranti o estreme in un modo esplicito e diretto sono destinati al fallimento; in tal caso, si preferisce un approccio tangenziale e per piccoli avvicinamenti, spesso con l'aggiunta di un crescere della consapevolezza dell'essere in uno stato mentale specifico quando si pensano e credono certe particolari idee. Molto spesso, proprio quelle idee e convinzioni mantengono un senso che è il modo di fronteggiamento e la compensazione di quello che ci fa più soffrire.

Naturalmente, ciò a cui teniamo di più tende ad essere più preservato ed è meno soggetto a essere modificato e rivisto. Tuttavia, se preserviamo ciò che ci sta a cuore, siamo più disponibili a rivedere qualcosa di più "periferico" rispetto ai temi più centrali e significativi.

Il credere è soggetto alla prima impressione, come abbiamo visto, e questa risulta essere molto più resistente, specialmente se qualcuno ci contraddice o tenta di discutere direttamente della nostra argomentazione e su ciò di cui siamo convinti.

Tuttavia, il credere è necessariamente sensibile alle informazioni. Gli individui fanno molta più difficoltà a dubitare delle informazioni che a crederci, e questo dipende dalla necessità che le credenze siano trattate come delle "percezioni", vale a dire come informazioni solide e affidabili, salvo rare eccezioni. La regola è credere per default.

La difficoltà e lo sforzo aggiuntivo di elaborazione delle informazioni in caso di dubbio e falsificazione rende gli individui più esposti alla credulità, e questa tendenza a credere si vede maggiormente quando le persone sono affaticate, sotto stress e impegnate su altri stimoli. Questo potrebbe significare che tendiamo a credere più facilmente qualcosa, in condizioni di fretta, stress e impegno, che altrimenti non crederemmo. Siamo prede facili per manipolatori e truffatori: se impegnati e distratti, poi tutto passa più facilmente. È più facile credere che dubitare, si crede più facilmente, e quando si è più occupati si crede di più, c'è meno tempo o forza per applicare i dubbi e i controlli, e intanto la realtà delle cose prosegue. Credere di più ha senso perché si presume che le persone dicano solitamente la verità più che mentire, tranne vistose eccezioni. Su questa fiducia presunta si poggia la nostra debolezza in quanto giudici affidabili.

La difficoltà a porsi il problema delle prove contrarie o delle ipotesi alternative è aggravata ulteriormente dalla tendenza a confondere la percezione e la descrizione di ciò che è vero o reale da ciò che è una opinione e una scelta di valori e frutto di un giudizio qualitativo. Distinguere un fatto da una opinione sembra essere la base per numerosi biases della mente e tende a porsi come un elemento basilare delle competenze metacognitive di un soggetto adulto.

Il pensiero motivazionale.

Inconscio / consapevolezza.

La vita della mente non è caratterizzata esclusivamente da processi psichici consci, consapevoli e chiaramente identificabili; c'è un aspetto mentale non facilmente accessibile. Per comprendere questo aspetto di noi esseri umani non è necessario ritornare a modelli metaforici particolarmente fantasiosi o superati; la psicologia contemporanea ha fatto passi avanti notevoli utili per capire, identificare e modificare, quando occorre, molti dei processi di attività psicologica che nel passato potevano soltanto essere immaginati.

Oggi, sappiamo che molte funzioni mentali vengono svolte senza consapevolezza, senza la coscienza di farlo, e questo ha un suo perché. Diverse funzioni e la maggior parte delle informazioni a nostra disposizione sono inconsce, e devono essere tali, pena la inefficienza e il rallentamento di atti e condotte complesse che, invece, devono essere rapide e pronte per garantire, alla fine, la sopravvivenza, o più semplicemente l'efficiente perseguimento di uno scopo.

Centinaia di migliaia di routine sono svolte senza il bisogno di coscienza, e alcune condotte molto complesse, come ad esempio guidare l'auto o praticare uno sport o suonare uno strumento musicale, richiedono una larga parte di attività non coscienti e soltanto una piccola parte può essere cosciente e deliberata. Se non fosse così, l'attività umana si incepperebbe, sarebbe continuamente rallentata o distratta da continue informazioni ambientali ma anche altre attività in contemporanea. Proviamo a pensare a due attività complesse come seguire contemporaneamente il telegiornale e mangiare una bistecca. Solo una parte dell'attenzione, spesso fluttuante e intermittente, è dedicata a tali attività in modo deliberato, tutto il resto è inconscio. Ci sono comportamenti che diventano, pian piano, delle routine e sono svolte ad un livello semi-conscio, con una attenzione fluttuante, ma che possono diventare oggetto di attenzione focalizzata se qualcosa va storto. Proviamo a pensare di guidare un auto mentre si va al lavoro. La nostra mente, e in particolare la nostra attenzione è gran parte su scenari immaginari, fantasie, pianificazioni e anticipazioni di cose pratiche. Tuttavia, se percepiamo qualcosa, anche una vibrazione insolita, o un piccolo ostacolo nella guida, il focus attentivo ritorna immediatamente sulle azioni di guida.

Detto tutto questo, va chiarito che il termine "mente inconscia" o soltanto "inconscio" identifica più aspetti della vita mentale.

Un primo aspetto riguarda i cosiddetti processi mentali, che costituiscono la capacità di elaborare le informazioni e i dati provenienti dal mondo esterno e dalle esperienze passate. Tuttavia, queste informazioni sono molto più complesse rispetto a dati elettrici, chimici, fisici o biologici che sarebbero la base del funzionamento dell'organismo. Il tipo di dati e informazioni che riguardano la mente sono dotati di un significato per il soggetto. Processi tipo la percezione, la memoria, l'attenzione, il movimento intenzionale, il ragionamento, sono tutti processi di funzionamento della mente, ovvero di un livello complesso di funzionamento dell'organismo umano.

Un secondo aspetto riguarda il contenuto di queste informazioni. Il contenuto è, come si è detto, significativo per il soggetto, e ogni dato è qualcosa che ha senso e che rimanda ad altre cose dotate, a loro volta, di significato. Il significato dei contenuti mentali è una rete, o anche molteplici reti che collegano, potenzialmente, tutto con tutto. Ogni dato può evocare un altro dato, una associazione può essere rinforzata, incrementata, resa più facile e immediata, tramite la ripetizione e l'effetto sulle conseguenze, positive e negative. A questi due fattori (associazione e rinforzo) si aggiunge il significato soggettivo che un individuo assegna sulla base della sua esperienza unica nella prospettiva determinata dalle convinzioni riguardanti sé stesso. Come una sorta di pregiudizio, egocentrico e auto-riferito, i dati e le informazioni assumono una "colorazione" differente a seconda delle convinzioni che abbiamo su noi stessi e come pensiamo alla nostra esperienza e a ciò che, secondo noi, è bene o male fare. Detto più sinteticamente, le informazioni sono percepite in funzione degli scopi e delle convinzioni riguardanti se stessi.

Un terzo aspetto della coscienza, ovvero di ciò che è inconscio, riguarda i modi della condotta sociale. Come abbiamo visto precedentemente, la maggior parte degli atteggiamenti e dei modi di comportarsi socialmente non è immediatamente consapevole ma predisposto e pronto a entrare in azione.

La coscienza di sé e la conoscenza della mente e dei fattori psico-sociali abilitano l'individuo a una prospettiva tutta privilegiata: di essere consapevole, responsabile e agente autonomo rispetto ai parenti stretti del regno animale.

Tornando agli scopi e ai motivi del comportamento, è bene accennare ad una delle proposte della psicologia che si è dimostrata davvero utile oltreché solida sperimentalmente. Formalizzata dallo psicologo Murray, e perfezionata da McClelland, e ripresa da numerosi altri psicologi in molte varianti, la "Teoria dei 3 Fattori della Motivazione" consiste nel porre alla base dell'azione uno dei 3 fattori di base. (Noè, 2020).

Il primo fattore è quello Affettivo: essere amati, accettati, voluti, apprezzati, accolti.

Il secondo fattore è quello di Riuscita: essere bravi, raggiungere gli obiettivi, migliorare nelle prestazioni, fare carriera, avere controllo della situazione, fare bene le cose.

Il terzo fattore è Normativo: avere potere, dominare, comandare sul lavoro, coordinare un sistema, imporsi, puntare alla gerarchia.

Ovviamente, un fattore può essere alla base di obiettivi che apparentemente sono aspetti di un altro fattore. Ad esempio, un individuo può voler essere preciso nel lavoro, non perché ama riuscire in se e per se, ma per essere poi apprezzato dagli altri. O, anche, un soggetto può agire prendendosi cura di una persona non per realizzare uno scopo affettivo ma per affermare il proprio sottile potere nella relazione.

I Fattori Motivazionali sono molto utili anche "capovolti" e considerati come determinanti, non tanto degli obiettivi desiderati ma degli evitamenti e contesti che si intende evitare per soffrire meno. Quindi, ad esempio, un soggetto potrebbe evitare di intraprendere una relazione affettiva, non perché non è rilevante o non la desideri, ma perché teme in modo estremo di fallire o essere rifiutato. Oppure, un individuo può evitare un concorso per avanzare di livello nella propria carriera non perché non sia importante e non abbia senso, ma perché teme di fallire e restare umiliato. I Fattori Motivazionali sono utili e importanti sia considerati come categorie di scopi a cui il soggetto mira e che persegue e sia come contesti che evita e teme perché si aspetta di soffrire e fallire.

Ai Fattori Motivazionali si aggiungono dei fattori di regolazione che rendono applicabili e tradotti in azione gli scopi oppure costituiscono un ostacolo a perseguimento. Il valore dello scopo e l'aspettativa di efficacia sono due elementi di facilitazione ed attuazione della strategia di perseguimento degli scopi, così come espressi dal modello della Teoria dei 3 Fattori. Dare valore e sentirsi (o credersi) capaci sostengono l'impegno e il perseguimento, ma possono costituire l'ostacolo che impedisce di proseguire e rendere la strategia di acquisizione o approccio agli scopi di base difficile o vana. Entrambi questi fattori di regolazione, dare valore e l'aspettativa di farcela, sono determinati, a loro volta da scoperte, esperienze, eventi, informazioni che sono state selezionate nella storia di vita del soggetto e sono così memorizzate come informazioni sensibili, centrali, importanti; non ultimo, a determinare e perfezionare i due fattori di regolazione, è l'adozione di una prospettiva teorica e filosofica che preveda il valore e l'impegno realistico, ovvero il desiderio dello scopo principale e l'auto-efficacia alla base della condotta (non per forza in modo accademico, ovviamente).

Questi Fattori Motivazionali e i relativi elementi di regolazione del comportamento sono inconsci; tuttavia, possono divenire consci e sotto esame del soggetto attraverso un procedimento di analisi psicologica che è comune nella psicoterapia ma che può essere messo in atto mediante un costante esame di coscienza personale.

Un altro aspetto non consapevole, ma che può diventare consapevole è il tipo di valutazioni che abbiamo su noi stessi, ed in particolare di noi stessi rispetto agli altri e al mondo. Questi giudizi globali, spesso frutto di aggiustamenti e rimaneggiamenti nel corso della vita determinano strategie di azione e di risposta verso problemi personali, interpersonali e scelte importanti della propria vita. Soprattutto, spiegano bene le nostre reazioni di fronte a ostacoli e frustrazioni in contesti che sono percepiti come significativi. Questi giudizi, o schemi personali, sono oggetto di numerosi tentativi di concettualizzazione teorica in psicologia, e rientrano in quasi ogni approccio in psicologia clinica. Gli schemi personali sono costruiti sulla base delle esperienze che facciamo e del come sintetizziamo gli accadimenti più significativi in modo coerente, e a volte in modo "super-coerente"; sono, infatti, ineliminabili gli effetti distorsivi e narrativi, spesso forzosi, operati allo scopo di dare senso nei vari momenti a ciò che viviamo e proviamo. Deve essere ricordato che questi tentativi di dare senso sono agiti da una mente definita, per età, stato emotivo, contesto, e informazioni già possedute. Questo significa che diversi soggetti avranno diversi significati di sé rispetto ad uno stesso accadimento o evento significativo. Nel corso della vita questi giudizi variano seguendo un filo di senso, come un film che si aggiusta e procede sulla base di ciò che accade (un po' come accade negli infiniti telefilm seriali dalla durata pluriennale).

Un buon lavoro psicologico con sé stessi o attraverso una psicoterapia possono portare maggiore attenzione su tali giudizi globali e permettere una revisione più realistica e meno preconcetta.

Un ulteriore aspetto inconscio che può divenire consapevole anche appena dopo averlo pensato è costituito dalle cosiddette "euristiche del ragionamento". Le euristiche o bias del giudizio e ragionamento sono numerose e sono state a lungo studiate da numerosi psicologi, alcuni dei quali hanno avuto il premio Nobel per tali studi (come Kahneman e collaboratori, o Herbert Simon e collaboratori, solo per citare casi celebri). Le euristiche sono giudizi frettolosi che però non sono bizzarri e inspiegabili, ma hanno un fondamento che attualmente è comprensibile. Si tratta di vedere questi tipi di scelta e giudizio come modi rapidi di mettersi in sicurezza non pensando alle conseguenze, saltando troppo velocemente alle conclusioni. Tali processi non sono un disturbo della mente o una malattia psichica, se così si può dire, ma sono modi che hanno avuto un loro perché nella evoluzione dell'Homo Sapiens e della evoluzione del suo cervello e quindi della mente e dei suoi processi. In sostanza, hanno avuto un vantaggio evolutivo allora e sono rimasti dentro di noi. Ma lungi dall'essere residui primitivi senza significato e anzi bizzarrie primitive, essi sono processi che hanno il loro senso nei contesti rapidi, urgenti, di emergenza (anche se a pancia piena e al comodo possono essere oggetto di autocritica e auto condanna). Tali modi della mente possono essere così automatici e radicati nei nostri processi psichici che anche dopo averli compresi e svelati, possono essere nuovamente in azione. Alcuni esempi dei bias di ragionamento sono la euristica della disponibilità (avere fresco in mente un caso e vederlo come una intera categoria), l'euristica della rappresentazione (pensare ad un esempio facile da immaginare come una intera categoria), e l'euristica dell'ancoraggio (considerare un punto di riferimento percepito casualmente come un criterio di riferimento razionale). Vi sono altri bias di giudizio e di scelta che vari psicologi hanno selezionato e identificato nel corso degli anni e che sono piccole o grandi variazioni di questi tre maggiormente studiati. (Kahneman, 2012).

Un altro aspetto inconscio ma che può diventare oggetto di attenzione sono le nostre strategie di soluzione per evitare di soffrire psicologicamente. Le strategie di coping disfunzionale, come spesso sono denominate dagli psicologi, sono condotte che sono determinate dallo scopo di evitare di avere a che fare con qualcosa che ci fa soffrire. Questo qualcosa che causa dolore psicologico può essere un giudizio negativo che abbiamo su noi stessi, o un contesto dove ci aspettiamo di soffrire, o anche un ricordo che associamo ad un giudizio negativo auto-svalutativo. Questi schemi e giudizi negativi globali, una sorte di pregiudizi che ci imprigionano, sono anche essi inconsci ma più spesso ne abbiamo sentore e traccia attraverso continui spunti, associazioni, e incursioni nella coscienza, come un qualcosa che è fuori posto e continua a essere di ostacolo per una azione che dovrebbe essere liscia e facile. Le strategie di coping possono essere molto varie e multiformi ma possono anche essere raggruppate come, da una parte, condotte di isolamento, manipolazione e ricerca di protezione allo scopo di allontanarsi dal tema doloroso, e dall'altra parte come condotte che hanno come oggetto gli effetti collaterali delle prime strategie e che spesso hanno come scopo i propri stati emotivi e i contesti relazionali collaterali.

A livello interpersonale e sociale, vi sono fattori e modalità che agiscono sul nostro comportamento e sulle decisioni in modo semi-cosciente. Il famoso psicologo sociale Robert Cialdini ha isolato dei fattori di influenza, utilizzati nel modo lavorativo e commerciale, ma non soltanto, i quali rendono ragione di scelte e comportamenti che possono essere discutibili o essere non agiti se accompagnati da più riflessione e consapevolezza della variabile persuasiva.

Questi fattori di influenza sono:
- la reciprocità, secondo cui se riceviamo un beneficio, piccolo o grande tendiamo a reciprocare, mettendoci in svantaggio;
- l'impegno e la coerenza, per cui una volta affermato un principio o una decisione, magari pubblicamente, tendiamo a seguirla che sia poi favorevole o meno;
- la riprova sociale o effetto maggioranza, secondo la quale tendiamo a orientarci verso le decisioni e gli atteggiamenti della maggioranza se esposti ad essa;
- la simpatia, secondo il quale fattore un effetto di simpatia che precede una decisione favorisce quella decisione;

- il contrasto, dove la estrema differenza mette in luce ed attira l'attenzione influenzando, anche al contrario, il soggetto;

- la scarsità, il cui fattore orienta la valutazione di un bene e influisce sulla decisione.

Tali fattori sono in seguito discussi dallo stesso Cialdini facendoli precedere da un fattore di influenza generale che precede l'atto della persuasione, cioè la pre-suasione: il fattore di focus attentivo tende a rendere più importante l'oggetto della nostra attenzione (Cialdini, 2017).

La coscienza è come un palcoscenico dove si muovono diversi personaggi; tuttavia, tutto ciò che è sul palcoscenico può non essere sufficiente a spiegare e rendere ragione di scelte e comportamenti, come abbiamo ampiamente visto.

Un altro gruppo di fattori che si muovono "dietro le quinte" della coscienza, almeno finché non sono essi stessi oggetto di attenzione, sono i significati che diamo a repertori affettivi e comportamentali fondamentali e generici. Per restringere il campo ai fattori più significativi, alcuni di essi sono gli schemi relazionali primari come descritti da numerosi autori nella letteratura psicologica (come Gilbert, Liotti, Lichtenberg, Allport, Maslow, Murray e tanti altri ancora). Questi fattori riguardano:

- l'attaccamento
- l'accudimento
- la gerarchia

- il gioco

-il sesso

- la cooperazione.

Questo è un elenco del tutto variabile a seconda degli autori che li hanno utilizzati, studiati e impiegati nel lavoro psicologico applicato (Noè, 2020).

Su questo punto c'è un problema non da poco che riguarda la coscienza. Per agire verso uno scopo, consapevolmente o no, serve impegno e tendenza ad agire, la quale è una spinta energica che il soggetto ha per agire effettivamente invece che semplicemente scegliere o preferire ma non per questo agire. Questi fattori motivazionali forniscono in modo predisposto una tendenza ad agire, una motivazione che è già dotata di forza per agire. Ad esempio, se vedo qualcosa che si muove per terra vicino ad un cespuglio e striscia tendo a scappare ancor prima di verificare. È la paura di un serpente che è sufficiente ad agire, ha in sé la motivazione dotata di tendenza ad agire in un certo modo predisposto. I fattori sopra elencati sono fattori che predispongono ad agire in un modo reciproco ad uno stimolo o contesto significativamente orientato in modo appropriato.

Dunque, la piena coscienza e la piena motivazione consapevole è altrettanto forte da costituire una alternativa? Posto in altri termini, sotto l'influenza di certi fattori motivazionali predisposti abbiamo sufficiente forza per agire, perché allora dovrebbe essere utile la coscienza?

La piena consapevolezza serve a tenere presente le alternative e gli effetti a medio e lungo termine e a considerare se le nostre scelte importanti di vita e i nostri valori sono compatibili o meno con tali effetti.

Senza consapevolezza non possiamo avere un quadro ampio, anche se una piena consapevolezza costa molto e occupa tempo e spazio mentale.

Comprendersi vuol dire capire cosa attiva certe reazioni e in virtù di cosa. Comprendere il tema del dolore psicologico e i modi in cui cerchiamo di evitarlo e pararci dalle situazioni a rischio di sofferenza sono l'oggetto di un lavoro psicologico che non ha prezzo.

La nostra mente opera "sotto coperta" attraverso diversi processi in parallelo: alcuni processi si occupano del fondamento delle informazioni, altri processi del riconoscere i dati sensibili, altri ancora del senso rispetto a conoscenze già in possesso, altre ancora cercare una coerenza rispetto ad un filo narrativo che abbia senso e ci preservi e incoraggi a continuare a perseguire scopi (un self-serving process o se si vuole un self-serving bias che ha però una sua funzione generale). Non siamo consapevoli di tutto questo e possiamo, delle volte, scorgere pezzi o frammenti di attività mentale in azione, ma nulla di più. Questi aspetti sono il marchingegno del funzionamento mentale e può essere analizzato e studiato sperimentalmente molto frequentemente senza una prospettiva piena in prima persona.

Il pensiero auto-regolatorio.

Disregolazione / autocontrollo.

Quanto controllo abbiamo su noi stessi? Quanto controllo abbiamo sulla nostra mente, sul nostro comportamento, sui nostri sentimenti?

Una parte della nostra mente si occupa di produrre idee che possiamo definire fantasie, immaginazione, ideazione. Il produrre idee ha, spesso, un contesto e una finalità, tuttavia produciamo idee in qualsiasi condizione e durante, o quasi, attività quotidiane. Siamo sempre in piena attività mentale che ci sia la piena consapevolezza o meno.

Molti di questi pensieri vengono prodotti per associazione, qualcuno per concatenazione logica. Ad esempio, dopo aver pensato ad un bicchiere, è molto più facile che venga in mente un bicchiere colmo d'acqua e così pensiamo all'acqua, poi siamo attratti mentalmente dalle gocce sul bicchiere e poi scivoliamo sulle gocce di pioggia, e sempre più focalizziamo la pioggia, e

1

poi le nubi con la pioggia e così via. Da uno stimolo iniziale la mente procede proponendo immagini e pensieri per associazione o per legame logico, sovra-ordinato o sotto-ordinato.

Siamo consapevoli di tale attività? E, perché avviene? Gli psicologi hanno da sempre studiato le associazioni mentali, e la produzione libera di idee, e attualmente identificano tale attività spontanea della mente con la funzione dell'immaginazione della quale i pensieri intrusivi sono la attività più interessante e suggestiva.

I Pensieri Intrusivi sono la attività della immaginazione che è libera, alcune volte non desiderata, che interrompe il flusso dei pensieri in corso del soggetto (che è preso da qualche attività finalizzata, ad esempio, legge o è attento a qualcosa). I Pensieri Intrusivi hanno spesso ogni sorta di contenuto per associazione ma più tipicamente hanno dei contenuti ripetitivi che perdurano anche molte ore, in casi di normalità, o anche molti mesi, in casi clinici (dei quali tra un istante parliamo). I Pensieri Intrusivi sono una attività della mente che svolge una funzione, che è il creare degli scenari virtuali allo scopo di adattarsi; ciò avverrebbe tramite il tenere conto del contenuto ma senza scambiarlo per qualcosa che sta avvenendo in quel momento (come se fosse una percezione). Inoltre, i contenuti, non sempre realistici o frequenti, di tale tipologia di pensieri sono virtuali e non sono anticipazioni o conclusioni logiche o ipotesi realistiche di ciò che sta per accadere o avverrà.

Il riconoscere la natura di questo tipo di pensieri rende essi uno sfondo mentale normale per chiunque, ma, spesso, non adottando tale prospettiva cognitiva essi rischiano di diventare uno dei più tenaci e fastidiosi disturbi mentali, con una caratteristica particolarmente ubiquitaria nella psicopatologia.

Detto questo, è davvero interessante che i nostri sforzi di volontà o la nostra stessa attenzione influiscano grandemente sulla frequenza e sulla intensità psicologica di questi pensieri e immagini. Più specificamente. Più facciamo lo sforzo di non pensare il pensiero X, più frequentemente penseremo tale pensiero. Il celebre psicologo Daniel Wegner ha indagato a lungo tale tipologia del pensiero sviluppando diverse varianti di esperimenti sugli effetti paradossali di tali attività mentali (Wegner, 2020). Nel più famoso esperimento, un gruppo di soggetti aveva il compito di non pensare ad un orso bianco per alcuni minuti, successivamente doveva risolvere un esercizio aritmetico, e poi doveva riferire l'effetto dei pensieri e la loro frequenza. Il gruppo di controllo doveva riferire dopo un certo tempo dato il contenuto e la frequenza dei pensieri, dopo aver visto un documentario sugli animali polari. Il risultato dello sforzo di resistere e non pensare agli orsi bianchi si evidenziò in modo netto e potente. Ciò è stato dimostrato in centinaia di varianti con molteplici condizioni sperimentali, ed è anche la nostra esperienza personale quotidiana. Più cerchi di non pensare ad una certa canzone o ad un jingle pubblicitario, più è presente in mente. I Pensieri

Intrusivi hanno anche a che fare con altri fattori psicologici che modulano la frequenza e la intensità dell'effetto "orso bianco".

Ad esempio, se a perseguitarci è il pensiero di un orso bianco o di un elefante viola è certamente seccante (raramente, orso bianco o elefante viola sono altamente significativi per qualcuno), ma se ad essere frequente ed insistente è un contenuto disgustoso, proibito, indecente, violento, osceno, allora è un altro discorso. Tendiamo a ribellarci contro la nostra mente e non siamo assolutamente disposti ad accettarlo. Tuttavia, come abbiamo visto, questo atteggiamento di indisponibilità e opposizione peggiorerà il processo mentale. L'effetto finale di questo tipo di problema sarà la presenza di Ossessioni, che sono pensieri non desiderati con un contenuto valutato negativamente e che sono associati a tentativi di evitare e scacciare o neutralizzare tali pensieri e i loro effetti temuti, ovvero le Compulsioni: da notare che, il termine "ossessione" deriva dal latino *obsidere*, che vuol dire assediare, il che rende bene il significato di sentirsi la mente sotto assedio dai pensieri; il termine "compulsione" invece deriva dal latino *compellere* che vuol dire essere forzati verso qualcosa, il che identifica molto bene il senso soggettivo di sentirsi poco in grado di controllare gli sforzi di evitamento e neutralizzazione.

Il quadro esatto, però, non è davvero questo. Molto recentemente, molti psicologi hanno chiaramente definito i processi psicologici alla base di tali disturbi (tra cui il più iconico e conosciuto è il Disturbo Ossessivo

Compulsivo). Le ossessioni diventano pensieri rifiutati con sforzo soltanto perché sono valutati non solo non desiderati ma anche attivamente non voluti; in altre parole c'è una pretesa di non avere tali pensieri sulla base dei loro contenuti che hanno un significato personale nella storia di tali soggetti. Questa pretesa impedisce che tali pensieri siano processati come normali fantasie e immaginazione, che tutti noi abbiamo continuamente nella mente. Sigmund Freud aveva, in effetti giustamente, puntato la sua attenzione sui processi della censura volontaria che il soggetto opera sui propri contenuti mentali producendo sintomi clinici; oggi, tale verdetto è, con una migliore definizione dei processi psicologici alla base, confermato.

Un altro aspetto legato ai Pensieri Intrusivi e alla valutazione che ne possiamo dare, è applicare la regola (che è una valutazione e un giudizio) che "se penso X, allora è vero" (dove il "è vero" può anche essere sostituito da "è più probabile", "è intenzionale", "è la mia natura", "accadrà", e così via). In sostanza, pensare a qualcosa e porre una iper-focalizzazione su esso tende a trasformare un pensiero in un processo causale, ossia qualcosa che è causa di un effetto (che solitamente non è voluto). (Rachman, Shafran 1999; Shafran, Thodarson, Rachman, 1996; Shafran, Rachaman, 2004; Wells, 2009).

Un ulteriore aspetto, parzialmente già ricordato precedentemente, è la nostra parziale consapevolezza a identificare i Pensieri Intrusivi come attività propria, attività normale, e attività funzionale di fondo. Invece, ed è proprio questo uno dei problemi più spinosi per i clinici, tale tipologia di attività mentale viene percepita come un qualcosa di anormale, oltreché non voluto, e viene quindi "combattuta" con ogni mezzo possibile da parte del soggetto. Tutta questa attività di combattimento, opposizione, evitamento, e tentativi di neutralizzazione producono effetti paradossali ("effetto orso bianco") e insoddisfazione, che rapidamente si trasforma in una escalation di ansia, scoraggiamento, panico, depressione e derealizzazione. Inoltre se, come abbiamo anche ricordato, sono presenti idee o convinzioni rigide e inusuali senza un razionale fondamento, il processo paradossale verrà inglobato in spiegazioni altrettanto bizzarre e inusuali come l'essere controllato mentalmente da altri o essere teleguidato da altre persone e percepire menti a distanza di esseri sconosciuti (tutti sintomi psicotici).

Un particolare collegamento tra questo processo del pensiero intrusivo (e ripetitivo) con il contenuto particolarmente significativo per un soggetto si trova nel tentativo di perseguire una direzione o uno scopo di vita in un modo molto rigido e assolutistico (ad esempio, essere onesto in modo perfetto al 100%) portandolo così a vigilare in modo attento ai casi di eventuale trasgressione o pericolo verso tali standard oltremodo eccessivi. Il risultato di ciò è l'aumento dei pensieri intrusivi, e la connessa interpretazione negativa di essi e tutti i relativi processi psicologici dei quali abbiamo parlato. Un altro aspetto del controllo e della consapevolezza dei processi che governano la condotta è certamente la "debolezza della volontà". Il termina

Volontà non designa un costrutto psicologico chiaro ma è una eredità di un lessico classicheggiante e anche filosofico (ma sempre legato a filosofi prenovecento). Per debolezza della volontà si intende una inversione ciclica del perseguimento di scopi ritenuti importanti, in un primo momento, ma meno urgenti in un secondo momento, e nuovamente importanti e prioritari in un terzo momento. Questa apparente bizzaria del comportamento e delle scelte umane fu messa in luce da Aristotele nel famoso Etica Nicomachea (che è difatti un vero saggio di psicologia). Nuovi approcci alle scelte cicliche hanno ridefinito, in un certo senso, i termini della questione chiarificando le variabili e i processi psicologici in gioco. Il fenomeno assume la forma del proverbio "è meglio l'uovo oggi, che la gallina domani" e pone alla base di questo cedimento "della volontà" il bilancio tra due aspetti o scopi differenti. Il primo è l'equivalente dell'uovo e identifica gli aspetti più edonici o primari come il piacere o la sicurezza dal pericolo o il soddisfacimento sessuale, e comunque scopi con una forte caratterizzazione somatica; la gallina, invece, identifica gli aspetti più di principio come i valori, gli scopi a lungo termine, i progetti di vita. Spesso, la questione della scelta riguarda il "come mi voglio sentire" e il "come vorrei vivere", finendo con il prevalere del primo scopo sul secondo. L'uovo attira più della gallina se e solo se si è più impulsivi come tratto di carattere, si è in urgenza per altri problemi, si ha poco tempo, se è già in stato emotivo attivato, si ha un problema clinico di attenzione e concentrazione, si ha un problema clinico di disinibizione (che rimanda a molteplici cause cliniche e disturbi), si sia subita una perdita da poco. Il celebre psicologo Roy Baumaister con i suoi collaboratori ha studiato le caratteristiche della cosiddetta "forza e debolezza della volontà" commentando che la volontà è un processo psicologico simile ad un muscolo dotato di una forza e debolezza dipendenti dalla fatica. La fatica è sia fisica che psicologica, intesa quest'ultima come sforzo di calcolo e concentrazione sui diversi aspetti del perseguimento e della acquisizione dei due scopi, l'uovo e la gallina, quello a breve termine avente meno valore, e quello a più lungo termine avente maggiore valore relativamente al primo. La fatica influisce sui processi decisionali e di scelta e di attribuzione del valore dello scopo, dato un preciso contesto e stato mentale del soggetto.

Viceversa, scegliere "a pancia piena", in una condizione di calma, avendo tempo, una ragionevole condizione di relax, e contesto neutro, danno possibilità all'azione di perseguimento verso la gallina. La pratica, come molte altre attività umane, rende più forte la volontà e aiuta a stare in pista verso ciò che conta di più per il soggetto, se non è sconvolto. Il problema diventa, semmai, come non restare sconvolti ma continuare anche in condizione di frustrazione o urgenza una meta significativa e di valore (Baumaister, 2011).

L'autocontrollo riguarda non solo le scelte direttamente convenienti (edoniche) ma anche la convenienza a lungo termine dal punto di vista relazionale. Il controllarsi con gli altri, ovvero la buona educazione, la diplomazia, le buone maniere, il tatto e così via, sono tutte applicazioni della regolazione delle relazioni interpersonali. Le relazioni interpersonali e il loro buon funzionamento poggiano sulla comprensione della mente altrui, sulle attese contestuali e sociali, e sulla capacità di intervenire sulla propria condotta e atteggiamento sociale. Come appare chiaro, il perdere di vista (nel senso di avere difficoltà a ipotizzare o capire la prospettiva altrui, o che questa sia di qualche importanza) la mente degli altri è la strada maestra per trascurare gli altri e, potenzialmente, innescare problemi relazionali e sociali in modo continuato. Chi non vede l'Altro, rischia di travolgerlo, danneggiarlo, urtarlo, minacciarlo, mancargli di rispetto, tradirlo, o semplicemente ignorarlo, specie se si tratta di un Altro significativo e familiare. La capacità di essere recettivi socialmente sia per sensibilità che per interesse, molto spesso, si affina nella propria storia personale, e solo raramente è determinata da cause non psicologiche (danni cerebrali, gravi psicopatologie).

Un caso tipico della mancanza di recettività, e quindi di abilità finale a capire la prospettiva altrui, è il narcisismo. Il soggetto narcisista è troppo occupato a perseguire obiettivi che mirano al proprio interesse, dalla ammirazione altrui alla acquisizione di potere e fama, alla competizione fino all'evitamento di ogni possibile umiliazione e minaccia alla propria idea di sé altamente positiva. Egli sfida, pungola e provoca continuamente gli altri alla ricerca dell'essere ammirato e riconosciuto come più valevole degli altri. Chiaramente, il narcisista si attira il fastidio e il disappunto altrui molto più di quanto immagini, venendo a crearsi spesso situazioni relazionali spinose e paradossali.

Un altro caso molto tipico è il soggetto paranoico. Per ragioni non molto distanti dal caso precedente, il soggetto diffidente e sospettoso degli altri evita interazioni più che può, e innesca difficoltà di continuo, creando tensione, contenziosi e frizioni relazionali che si ribaltano sull'atteggiamento degli altri verso di lui. Il paranoico, nella sua prospettiva allarmata, cerca continuamente di evitare situazioni di abuso e vittimizzazione che, spesso, hanno una ragione nella loro storia personale. Tuttavia, i sospettosi cronici non riescono bene a capire le autentiche intenzioni altrui dando un po' troppo per scontata la minaccia e il pericolo nei loro confronti. Tutto questo ha un pesante costo personale e sociale.

La capacità di recepire la prospettiva altrui, per quanto flessibile, è uno dei fondamenti della vita relazionale e sociale, e ha dei costi in termini di impegno e risorse mentali.

Come qualsiasi compito che richieda concentrazione prolungata, l'autocontrollo "svuota" la nostra riserva di "energia" per seguire il piano dei nostri scopi. Una volontà limitata, una concentrazione limitata, una disponibilità limitata, sono la normale dote che caratterizza il nostro normale funzionamento mentale. I tanti sforzi e i tentativi laboriosi finalizzati a cambiare, nel tempo, perdono la spinta e non guidano più la condotta.

Lo scopo dell'autocontrollo e della regolazione del proprio atteggiamento verso gli altri porta a stancarsi; dominarsi e autocontrollarsi, e gestire i propri stati emotivi e fisici, incluso il mantenere un atteggiamento pubblico ed essere diplomatici, tutto questo comporta un impegno, come ciò che non è una routine, e sconta il costo della fatica mentale.

Il buon funzionamento sociale non è gratis e spontaneo ma rientra nel bilancio tra pro e contro, tra guadagni e costi della condotta umana; gestire una faccia pubblica stanca e questa stanchezza si percepisce bene nel calo nelle prestazioni. Questo bilancio è confermato anche al contrario, quando siamo fortemente impegnati in qualcosa, e ci accorgiamo di essere meno pazienti, disponibili e diplomatici rispetto ad una situazione meno coinvolgente e impegnativa.

In certi momenti critici, ad esempio in una discussione o nel ricevere delle cattive notizie, cosa focalizziamo? Cosa scegliere nei momenti critici? Sentirsi bene ora o autocontrollarci? Da una parte, siamo portati a evitare il dolore e i contesti problematici, dall'altra parte crediamo sia utile porci in modo positivo e disponibile verso gli altri. Tuttavia, a caldo, nei momenti di urgenza o carica emotiva, possiamo cedere sullo scopo della regolazione sociale al fine altruistico e socialmente positivo per operare in modo difensivo verso noi stessi.

Il riuscire a mantenere una consapevolezza su questo punto può evitarci lo slittamento verso l'allontanamento dall'introspezione, che peraltro ci porterebbe, spesso, a decatastrofizzare o correggere la portata di minacce, problemi e critiche. Invece, la mancanza di piena introspezione e difficoltà a mantenere i piani decisi per resistere alle tentazioni edoniche o difensive, determina illusioni auto-ingannevoli e la messa in atto di strategie di coping disfunzionali, che altro non fanno che attivare circoli viziosi relazionali.

Stanchezza e distrazione tendono a abbassare e indebolire il dominio di sé intaccando la piena consapevolezza necessaria ad un autocontrollo, dando più spazio al funzionamento di routine e abitudini. È proprio per questa ragione che è conveniente investire in nuove condotte e modi di porsi, i quali una volta inquadrati come sensati e utili saranno spinti dalla motivazione e, pian piano, trasformati in routine e benefiche abitudini.

Questo punto sembra essenziale. I tentativi e l'impegno riposto a gestire e vigilare su se stessi può avere due generali finalità o scopi: un orientamento difensivo o un orientamento costruttivo. In un orientamento difensivo è l'evitamento di pericoli esterni o contenuti mentali valutati negativamente che è al centro dello sforzo. L'evitamento esperenziale e cognitivo, inoltre, determinano un ulteriore carico di impegno psicologico che finisce con l'essere paradossale (o ironico, per dirla con Daniel Wegner) e controproducente, innescando spesso circoli viziosi e ulteriori problemi psicologici.

L'orientamento costruttivo, invece, prevede una ovvia vigilanza su se stessi e la propria condotta al fine di centrare i propri obiettivi o, quantomeno, orientarsi in direzione di ciò che è più significativo, pur con la dovuta flessibilità data dal riconoscersi umani, imperfetti e ancorati alla nostra finitezza. A questo riguardo, l'orientamento costruttivo funziona tanto meglio quanto più lo sforzo mentale è dedicato a questioni limitate, e proprio per questo valutate come più importanti, mentre per altre cose non si eccede in sovraccarico.

Mentre in quest'ultimo caso, l'orientamento costruttivo dell'impegno, non c'è un particolare logoramento e sovraccarico sulle funzioni mentali generali e sulla capacità di restare genericamente autocoscienti e competenti su se stessi, anche perché c'è il contributo della motivazione in uno scopo sentito che ripaga dello sforzo; nell'orientamento difensivo, invece, il soggetto si impoverisce della capacità di sostenere una vigilanza e una competenza in termini metacognitivi, determinando in tal modo una serie di ulteriori problemi psicologici, alcuni di essi autoinvalidanti e ricorsivi.

Come nel caso dell'autoinganno, sostenere un evitamento per evitare una sofferenza causa ulteriore complicazione e probabile altra sofferenza (magari di minacciando e compromettendo altri scopi rispetto a quello implicato nel problema originario).

Il pensiero relazionale.

Stereotipi e pregiudizi / relazioni costruttive.

Per orientarci nel mondo esterno, noi esseri umani abbiamo perfezionato in modo ovviamente involontario, grazie al processo della evoluzione, l'impiego di aspettative basate su categorie mentali. Concetti di "tavolo" o di "cane" o di "maltempo" o di "esseri umani" sono alcuni esempi di categorie in azione. Dividere e categorizzare i contenuti delle percezioni ha uno scopo essenziale: orientarsi e capire cosa fare con i vari fenomeni (dall'etimo, ciò che appare). Ci può essere l'altro essere umano percepito come "amichevole" oppure "pericoloso", oppure ci può essere il vicino di casa percepito come "invadente" o, al contrario, "discreto". Sono tutte categorie provvisorie che utilizziamo inconsapevolmente per orientarci e provvedere alla continuità della nostra vita.

Solitamente, le categorie che utilizziamo per le cose (realtà inanimata) e quelle impiegate per le persone possono avere delle piccole differenze, ma l'uso corrente del farsi una idea di ciò che ci circonda, spesso, prende la forma di modi della mente "quick and dirty", veloci e pragmatici anche se lontani da categorie definite con criteri precisi, logici e definitivi.

Dobbiamo fare chiarezza tra alcuni termini: le categorie che gli individui costruiscono per capire e orientarsi nella realtà possono prendere diverse forme o avere diverse accezioni a seconda della teoria, del settore o dell'autore che ne parla e se ne occupa. Tuttavia, molto genericamente, il pensiero contemporaneo non vede le categorie come qualcosa di appartenente alla realtà in se stessa, come una caratteristica delle cose stesse (come poteva probabilmente essere al tempo dell'antica Grecia) ma si tende a considerare le categorie come modi costituiti della mente (il celebre filosofo Immanuel Kant esprime molto bene questo punto nella sua filosofia della "ragion pura"). Uno di tali modi della mente consiste nel come funzionano queste categorie e come possiamo pensarle. Ad esempio, i concetti sono un termine che possiamo utilizzare genericamente per definire classi logiche di porzioni di realtà, raggruppamenti di qualcosa, secondo criteri definizionali di inclusione ed esclusione. Cosa è un tavolo? Cosa è un bicchiere? Cosa è un uccello? Queste classi di elementi di ciò che è esistente sono trattati come porzioni della realtà che si definiscono dalla soddisfazione o meno dei criteri logici. Ma la nostra mente non sempre opera in questo modo, e quindi costruisce accanto ai concetti o sovrapponendosi ad essi altri modi e altri esiti per categorizzare la realtà. Il prototipo è una modalità operativa che, appunto, opera per scopi pratici, impliciti, non basato su processi particolarmente logico-definizionali, ma opera per associazione, frequenza e somiglianza (la psicologa Eleanor Rosch ha fatto gran parte del lavoro di chiarimento delle basi di tale modalità mentale, poi seguita da una enorme quantità di lavori di sistemazione in gran parte degli ambiti della psicologia applicata). Infatti, se prendiamo il caso della categoria "uccello", mentre la modalità logico-definizionale (dobbiamo qui sottolineare che anche nei criteri possono rientrare nozioni di biologia della specie) includerebbe sia un'aquila che una gallina, nel prototipo avremmo molto più rappresentata l'aquila rispetto alla gallina. Questo perché il prototipo è un modo operativo, pratico, del processo mentale di rappresentarsi una porzione di realtà, a prescindere dai criteri concettuali.

L'operare della mente sulla base del prototipo determina "casi esemplari", che sono cose ben rappresentate, e casi non ben rappresentati o marginali, che sono qualcosa che appare più ostico e lento a recuperare nella mente, a immaginare e utilizzare pragmaticamente. Il prototipo, essendo una modalità operativa, può innescare degli effetti collaterali, come il pensare a qualcosa, che è centrale nella rappresentazione mentale prototipica, come se fosse il rappresentante e il buon esempio per tutta la categoria. Ad esempio, se dico "ho una malattia" più persone pensano che abbia un carcinoma, ma

potrei avere una dermatite o il raffreddore o un reumatismo al dito indice.
Dunque, si comprende bene che il prototipo opera per scopi pratici e secondo rappresentazioni mentali utili, probabilmente, per ragioni pratiche ad un livello evoluzionistico, come ad esempio essere pronti ai pericoli o identificare alleati.

Quando studiamo il prototipo applicato ad ambiti sociali vediamo in funzione lo stereotipo.

Lo stereotipo è uno di questi modi pragmatici della mente, modo condiviso evidentemente da più persone, di rappresentarsi fenomeni sociali e agenti sociali rispetto agli osservatori. Gli esempi standard di una classe di realtà sociale sono stereotipi che agiscono per scopi pratici, pragmatici, e non logico-definizionali. Gli effetti collaterali, se si può dire così, degli stereotipi sono il pregiudizio sociale, il razzismo, il processo psico-sociale di differenziazione categoriale (reso celebre da psicologi quali Sherif, Tajfel, Doise, Moscovici, solo per citarne alcuni celebri) (Hoggs, Vaghan, 2006; Doise, Duchamps, Mugny, 1980).

Quale è la base o funzione di tale processo? Permettere agli esseri umani di fare delle previsioni con una certa approssimazione. Queste modalità euristiche, lievemente imprecise, svolgono una funzione cruciale in contesti di urgenza, carica emotiva, pericolo, ambiguità, difficoltà di scelta e stanchezza. Sono, evidentemente, modi veloci per cavarsela dagli impicci, senza perdere troppe risorse e tempo utile e prezioso. Il costo, tuttavia, può essere molto alto, in particolar modo in contesti sociali o molto sensibili, come le relazioni umane intime.

Nelle interazioni umane, ad esempio, il giudizio che noi attribuiamo all'altra o alle altre persone è altamente soggetto a pregiudizi e stereotipi. Questi pregiudizi sono in gran parte facilitati, per così dire, dal contesto. La configurazione non soltanto sociale, ma anche fisica, locale, come il luogo, il suono, il colore, il numero di persone, l'abbigliamento, e molte altre cose di questo tipo fanno tutte parte del contesto. Naturalmente, una parte importante viene giocata dalle idee di fondo di un soggetto, dai suoi schemi di giudizio e dai suoi valori più generali.

Mentre si tende a dare un peso enorme alle idee e valori di fondo del soggetto nella determinazione del comportamento sociale, è stato ampiamente dimostrato come l'influenza del contesto, tranne casi limite, svolge la parte più decisiva.

Una delle dinamiche relazionali più elementari è il ruolo reciproco. Facciamo un esempio. Nella relazione madre-figlio, la relazione di accudimento-attaccamento, particolarmente studiata dalla psicologa Mary Ainsworth, dallo psicologo Harry Harlow, e dallo psichiatra John Bowlby, la madre svolge un ruolo perfettamente complementare a quello del figlio: se il figlio è spaventato la madre è rassicurante, se il figlio è curioso la madre è incoraggiante, se il figlio è in pericolo la madre è protettiva. Il ruolo reciproco è una configurazione o organizzazione dinamica relazionale dove due persone si muovono e interagiscono in modo complementare. Se un soggetto è aggressivo, l'altro tende ad essere intimorito; se qualcuno è intimidito, l'altro tende ad essere protettivo e facilitante (Noè, 2020; Cassidy, Shaver, 2016).

Tuttavia, questa organizzazione interpersonale può essere meno complementare del previsto, e questo crea dei problemi o, quantomeno, cambia le aspettative previste. La cessazione del ruolo reciproco crea dei conflitti o degli attriti, delle rotture relazionali che necessitano molto spesso di essere riparate nel breve o nel medio termine, pena la rottura definitiva della interazione.

Sia individualmente che socialmente, noi partecipiamo ai processi di rottura e riparazione delle relazioni, talvolta innescando dei veri e propri circoli viziosi che aggravano la crisi relazionale.

Le interazioni che si basano su pregiudizi sono solitamente sensibili a indizi e marker che sono stabiliti culturalmente e socialmente. Chi indossa un certo capo d'abbigliamento è membro di un gruppo specifico e viene trattato in modo stereotipato secondo il pregiudizio. Se sembri un certo tipo, di quel certo gruppo, appartenente a quella certa cultura, tendente a certi modi di comportarsi e tendente ad avere certi specifici atteggiamenti sociali e culturali, sarai trattato in un modo complementare appropriato stabilito socialmente. Ma potresti soltanto assomigliare a quel certo gruppo, e non esserne parte né lontanamente condividere alcunché a qualsiasi livello.

Tuttavia, i pregiudizi nascono come euristiche, giudizi veloci e approssimativi, che devono risolvere problemi di sopravvivenza individuale e sociale. I pregiudizi sono difensivi e protettivi anche a costo di essere imprecisi e sfocati (con il celebre adagio inglese, si potrebbe dire "better safe than sorry").

Il pregiudizio agisce come un pacchetto valutativo dove al posto di uno specifico giudizio su uno specifico fattore, si sostituisce un intero giudizio globale che comprende lo stereotipo di appartenenza ad un gruppo sociale e culturale.

Il guardare attraverso le lenti degli schemi del pregiudizio significa poi rinforzare tali schemi, e le informazioni che si traggono finiscono per rinforzare la forza degli schemi, il grado di convinzione, e la ipersensibilità a vedere e scorgere conferme a scapito delle disconferme.

Una volta attivato lo schema e il pacchetto valutativo del pregiudizio, il soggetto è sia più convinto dei propri giudizi e più rigido nel modificarli e discuterli, ma anche meno consapevole che siano in atto fattore che lo influenzano. Tutto ciò agisce come se ci fosse un processo che rende quasi impermeabili i pregiudizi, più automatici, in modo che possano agire "indisturbati" e svolgere la propria funzione difensiva.

Come ogni comportamento svolto senza una appropriata flessibilità cognitiva, affrontare contesto pieno di pregiudizi ci predispone nell'azione e nell'atteggiamento, ne risente la performance, e spesso ci accusiamo per l'esito inferiore, per la condotta al di sotto delle nostre aspettative. Infatti, proprio perché attivati e "accecati" dallo stereotipo e dagli schemi in azione non siamo pienamente in grado di contare sul nostro bagaglio di abilità ma solo un una porzione di esse, quelle permesse e previste dallo schema socio-valutativo in atto.

In ambiente clinico, e in particolare nella psicoterapia, sono particolarmente studiate le interazioni attivate dagli schemi tra paziente e terapeuta, che possono diventare interazioni critiche e ricorsive. Gli schemi negativi di entrambi i partecipanti, paziente e terapeuta, possono interagire dinamicamente attivando un ruolo reciproco complementare o dare atto a crisi della relazione terapeutica con rotture relazionali che necessitano di riparazioni e ri-contrattazione della alleanza terapeutica di base. Le rotture della relazione terapeutica possono determinare un veloce aggravamento delle condizioni del paziente, e mettere fuori gioco il terapeuta sia a livello professionale che a livello personale. Tutto ciò necessita, da parte del clinico, di destrezza e formazione a saper identificare tali schemi propri e altrui in azione e saper intervenire sulla propria mente e la propria condotta come anche sul paziente.

Tutte le interazioni umane sono connotate da pregiudizi, tra individui, tra gruppi, tra ampie porzioni della società. Non vi è un contesto dove non siano in atto schemi di valutazione sociale in azione, e questo può riguardare il genere (il "sessismo"), il ruolo sessuale, la classe socio-economica. Un ambito culturale, un orientamento teorico (in filosofia, essere giudicati "analitici" o "continentali"; in psicologia clinica, essere giudicati "psicoanalisti" o "comportamentisti", come se questi termini non sacrificassero, in modo dicotomico e polarizzato, altre parti e orientamenti alternativi e intermedi, come ad esempio avere un orientamento cognitivo-comportamentale).

La azione dei pregiudizi, degli stereotipi sociali e degli schemi relazionali, rende il rapporto delle persone apparentemente meno autentico; in realtà, dal punto di vista soggettivo, agire direttamente sulla base di questo materiale automatico-valutativo è riferito come autentico, tuttavia, con molta riflessione e sulla base di una fine attività psicologica di "debriefing" possiamo vedere gli altri a prescindere dai giudizi schematici e restrittivi, o perlomeno tenere in conto la presenza presunta di filtri cognitivi, schemi e pregiudizi. Ciò sovverte molti equilibri sociali e mette in discussione diversi assetti dati per scontati nella società e nelle relazioni quotidiane di chiunque. Inoltre, una visione della realtà e degli altri, come anche di noi stessi, a prescindere dalla presenza ed effetto degli schemi cognitivi, non sembra filosoficamente e psicologicamente pensabile nella vita quotidiana, tanto che questa idea della visione chiara e "unbiased" si otterrebbe soltanto per la descrizione delle sensazioni e delle percezioni molto elementari; il tutto ci ricorda il filosofo Husserl e l'inizio della filosofia fenomenologica con il suo esito esistenzialista in anni successivi (vedi Heidegger, Sartre, Camus).

Come ogni pregiudizio, gli schemi mantengono lo status quo e sono al servizio della facile previsionalità, mantenendo la prospettiva ferma su ciò che è noto, previsto e atteso, compresi i cliché sociali e culturali; essi mantengono i rapporti di potere e di forza agendo sulla opaca condivisione di convinzioni, che a sua volta regge un bisogno di coerenza e affidabilità delle proprie conoscenze sugli altri e sul mondo. Per non essere totalmente vittime di tali strutture cognitive è necessario tenerne conto e allenarsi costantemente alla flessibilità e all'esercizio di variazione della prospettiva, per vedere le cose come le vedrebbe un altro.

I pregiudizi condivisi per larghi gruppi diventano aspetti culturali assumendo forza e potere di influenza sociale sugli individui. Come abbiamo detto, la pressione a conformarsi agli stereotipi sociali può essere messa al servizio dello scherno, dell'aggressione, del mobbing, della violenza relazionale e della emarginazione di individui e gruppi ritenuti non appartenenti e sgraditi.

Le forme che assumono le influenze sociali possono riguardare azioni dirette o configurazioni relazionali persistenti che regolamentano un contesto di persone come la pressione ad assumere certi ruoli, a obbedire, a stare in riga, ad incarnare gli stereotipi attesi; ad esempio, per il genere femminile, la "donna-dolce" che è "donna-inferiore", con l'accento alla retorica dei ruoli complementari. In questo discorso, le donne che si attengono al ruolo dolce-inferiore lasciano trasparire un problema legato al dislivello socio-culturale, alle culture della subordinazione, e ai rapporti di potere e decisionali nei contesti socio-economici della società.

Un altro modo in cui appaiono i pregiudizi e l'uso degli stereotipi sociali è per giustificare le frustrazioni, individuali o condivise. Il modo è quello delle razionalizzazioni difensive, di storie che si creano per non dirsi, soffrendo, che qualcosa di importante è fallito. I rapporti di potere, se compresi e divenuti consapevoli, entrano a fare parte dei problemi concreti e pratici delle relazioni tra noi stessi e il mondo, ovvero cosa è in nostro potere e cosa non lo è, e quali margini di manovra abbiamo per dirigerci verso ciò che conta e ha valore per noi. Accettare o meno qualcosa che è "non preferito", qualcosa che è valutato negativamente, è sempre funzione di una accettazione di livello più generale: sapere che va accettato qualcosa che non è in nostro potere e fuori dal nostro controllo. A volte si accetta ciò che è per noi ingiusto (per qualche ragione), ma l'accettare, oltre che possibile, può essere ragionevole e sensato.

In sostanza, adattarsi ad un contesto difficile, e che riteniamo negativo (perlomeno a breve termine), richiede uno sforzo di onestà con se stessi. Riconoscere autenticamente che siamo impotenti verso uno stato di cose, una frustrazione, un mancato scopo, può mobilitare le nostre capacità di intraprendere altre strade, dirigere verso altri scopi, scegliere altre opzioni. Facendo questo, si cambia prospettiva e si cresce come persone. D'altra parte, se non si è autentici nella valutazione delle difficoltà, si tende a puntare sugli sforzi di adattamento forzoso, che richiede continui investimenti di attenzione, tatto, manovre relazionali e mancate soddisfazioni vissute come ingiuste.

Tutto questo ritornerà nella mente in forma di pensieri intrusivi, di rimugino, di questioni che persistentemente si affacciano nella coscienza, che richiedono una soluzione.

Accade spesso che uno sforzo, un carico attentivo prolungato, un evento che assume una priorità alle spese dell'equilibrio relazionale, tutto questo causa un riemergere di quanto è faticosamente tenuto in sospeso. Ed ecco che dietro a modi affettati può esserci l'odio, il razzismo, il sessismo, l'antagonismo, il palesarsi dei pregiudizi violenti ed emarginanti.

Dietro a soluzioni relazionali e sociali rapide e di apparente buon senso, si celano motivi più diversi che possono riguardare scopi difensivi o competitivi verso parti della società o gruppi sociali. È salutare oltre che virtuoso tenersi allenati alla identificazione e discriminazione di tali euristiche sociali, e perlomeno al tenere presente la loro ubiquità nel nostro agire sociale.

E', quindi, importante allenarsi ad essere consapevoli dei pregiudizi e possibili stereotipi di valutazione sociale, anche se emergono come pensieri intrusivi dal contenuto sommario e giudicante, e cercare di essere consapevoli di cosa sono e di che natura sono, e capire il fenomeno in termini di processi psicologici come facenti parte del complesso marchingegno psicosociale che tutti noi siamo in quanto individui sociali. Facendo questo, è rilevante il coinvolgersi e ritenersi impegnati nella modificazione dei pregiudizi, e il mantenere un distacco capendo il rischio di "scivolare" nella automaticità e nella impulsività della prima impressione; il distaccare i pensieri spontanei dal giudizio, l'allenarsi all'apertura neutrale, mantenendo una distinzione tra ideazione spontanea e valutazione, fanno parte di un buon fitness psicosociale, di una manutenzione al buon approccio verso i propri simili, sempre ovviamente in bilico tra velocizzare le informazioni e discriminare con giudizio (anche etico-morale) la posta in gioco.

Conclusione

Come abbiamo visto in tutto questo lavoro, noi non siamo consapevoli di una buona parte delle ragioni della nostra condotta, delle motivazioni di base che operano come facilitazioni in molte situazioni e contesti sia individuali che sociali.

Questi processi psicologici, questi "meccanismi" cognitivi parzialmente inconsapevoli, agiscono come modi quasi riflessi, come vecchie abitudini; nondimeno, ogni abitudine può essere "de-routinizzata" e resa cosciente e modificata. Questi processi agiscono sotto la soglia della coscienza ma sono comprensibili e suscettibili di modificazione se attenzionati con l'occhio psicologicamente predisposto al cambiamento e al miglioramento.

L'inconscio cognitivo è un tema molto ampio e non è certo questo il lavoro e il contesto adatto per trattarlo in modo completo o con il giusto taglio scientifico, tuttavia qualcosa può sempre essere detta a completamento di quanto abbiamo descritto più sopra.

Ciò che lavora "sotto-coperta" è, spesso, ciò che è necessario per permettere il funzionamento di una vita ordinaria e funzionante, perlomeno da un punto di vista elementare del mantenimento della sopravvivenza e dell'evitamento del dolore a breve termine. Da un punto di vista maggiormente evoluto, culturalmente e socialmente, questi processi sono scogli che vanno identificati e tenuti presente per far si che non agiscano in modo cieco e disadattivo.

Il celebre psicologo Daniel Kahneman ha identificato due processi che permettono di spiegare la dinamica tra due processi del pensiero e del ragionamento, processi che includono anche la prospettiva attraverso la quale si considerano scopi e condotte utilizzate (Kahneman, 2012). Kahneman identifica i "pensieri veloci" o sistema 1 come un modo intuitivo, veloce appunto, ma anche impulsivo, che funziona in modo associativo, euristico (come le strategie euristiche che lui stesso con i suoi colleghi ha messo in evidenza), automatico, poco vincolato dalla consapevolezza, e sopratutto molto economico in quanto a dispendio di "energia", attenzione e capacità cognitive necessarie. Il modo 2 o "pensiero lento" o sistema 2 è più cosciente, consapevole, deliberato, proposizionale, complesso, capace di porsi una prospettiva a medio-lungo termine, di poter pianificare una strategia di azione e risoluzione di problemi e di progetto, tuttavia dispendioso, richiedente molta attenzione, molta capacità mentale, e di assorbire il soggetto in modo tale da doversi occupare di un passo per volta del problema (Kahneman, 2012).

Mentre Kahneman si concentra soprattutto su problemi che vertono sul ragionamento e scelte economiche, e sugli scambi tra soggetti che si focalizzano sul vantaggio o costo delle decisioni a breve e a medio termine, sembra che questi processi, delle "modalità" 1 e 2 del pensiero, siano generali e abbraccino tutti gli aspetti della vita mentale, dal giudizio morale alla valutazione di se stessi, dalle relazioni sociali alla psicopatologia.

In questo lavoro abbiamo passato in una veloce rassegna molte "euristiche complesse", molti ambiti della psicologia che sono influenzati da processi semi-automatici del Modo1 e abbiamo ricordato come la competenza psicologica o la educazione psicologica possa facilitare la gestione e la modulazione di tali modalità inconsce tramite il tenerne conto e la messa in azione del Modo 2 più complesso e riflessivo, che sia capace di abbracciare la visione più larga di un problema o di un contesto.

Le dotazioni di base, cognitive, emotive, comportamentali, possono agire quasi come se non ci fosse una considerazione più complessa a disposizione, solo se il soggetto non recupera o non possiede un bagaglio di analisi critica necessario a identificare, riconoscere e capire le nostre reazioni e il nostro funzionamento psicologico come un normale funzionamento. Questo bagaglio deve essere sempre disponibile e deve essere allenato in tutti noi, se vogliamo vivere una vita serena e consapevole, se vogliamo sentirci agenti responsabili e fieri e non individui che "tirano a campare" e si sentono in balia della propria vita.

Una maggiore informazione sulla psicologia e sul nostro funzionamento psicologico è un ingrediente necessario alla normale manutenzione che fa della nostra esistenza una buona vita, o per dirla con Socrate, una attenta analisi critica rende la nostra vita una vita che è ben vissuta.

Come abbiamo più volte notato in aspetti e ambiti differenti della psicologia, una "mancanza di pensiero" (per citare la filosofa Hanna Arendt) e quindi un difetto di consapevolezza e di bagaglio psicologico verso sé stessi e gli altri rende le nostre azioni, la nostra generale condotta, a rischio di psicopatologia ma anche di immoralità, mentre un continuo fitness psicologico ci permette di andare oltre la dotazione cognitiva di base.

Una cosa è chiara; non siamo vittime inermi degli errori mentali. Le euristiche di giudizio, gli errori di ragionamento in stati di attivazione emotiva, euristiche sociali, il pensiero schematico e i processi di semplificazione ed organizzazione dei contesti relazionali e gruppali, sono processi che agiscono come predisposizioni, come abitudini, ma possono essere de-automatizzate e rese sotto il "controllo" del Modo 2 della mente per divenire scelte e condotte orientate consapevolmente.

L'autodifesa e la prontezza a preservare ciò che importante nei momenti di urgenza, incertezza, e carico emotivo può ben coniugarsi e "miscelarsi" con la consapevolezza che una visione ampia, più deliberata e accettante può migliorare la vita e non solo metterla "a rischio" di estinzione o di sofferenza cieca.

Infatti, il pagare dei costi in termini di attenzione quotidiana per un progetto di azione e di vita più saggia e altruistica può essere una prospettiva che merita di essere presa in considerazione.

La nostra consapevolezza è il nostro supervisore; il costante impegno a identificare, fare caso e tenere in conto la ubiquità e la costante presenza di "inneschi" per automatismi ed euristiche individuali e sociali è un progetto che ha un valore di crescita per il soggetto e di garanzia per una regolazione sociale maggiormente informata e attenta, anche se non è mai scevra e immune da perturbazioni, pregiudizi o autentiche malvagità. Il vero vantaggio è puntare sull'aumento di soggetti "informati" e impegnati verso valori di rispetto e socialità umanisticamente orientata.

La metacognizione, l'essere abili a conoscere, identificare e agire strategicamente verso i processi della propria mente e quella altrui sembra una capacità emergente del Sapiens che però, richiede manutenzione costante e che sembra sensibile a contesti di urgenza, fretta, ambiguità e carico emotivo. In altri termini, come ampiamente trattato in questo lavoro, in modalità di urgenza, emergenza, carico emotivo e forte ambiguità, la nostra mente opera in modalità veloce ed euristica ed è meno caratterizzata da una analisi fine dei propri ed altrui processi mentali. D'altra parte, un impegno in termini di allenamento alla consapevolezza guidata e orientata cognitivamente sembra essere efficace a ridimensionare la intrinseca fragilità della metacognizione.

Certamente, non c'è solo il problema di identificare degli "errori" mentali e neutralizzare determinate abitudini; il punto complementare consiste nel contenuto delle deliberazioni e intenzioni consapevoli del soggetto; quali sono i suoi scopi e progetti autentici, una volta che ci sia il controllo del Modo 2 della mente. Come dire: oltre alla coscienza, c'è il contenuto.

In questo senso, i valori e la crescita del soggetto si riflettono direttamente su ciò che poi diventa una azione davvero scelta. Questo non è il campo della psicologia dei processi cognitivi in quanto tale; è, semmai, territorio della filosofia e delle scelte politiche di ciascuno di noi, della sua "vita activa" (nel senso delle proprie scelte e del proprio impegno orientati verso valori umanisticamente orientati, per citare nuovamente la Arendt). Il motto delphico di Apollo consistente nel "conosci te stesso" e fare o volere "niente di troppo" (*gnothi seauton*, e *meden agan*, in greco) sono appositamente un monito universale alla introspezione e alla moderazione: una buona base per una definizione di valori e mete di vita.

Un problema sorge, però, effettivamente sul fronte operativo e pratico di questo discorso: c'è davvero spazio, nella nostra cultura, nel nostro quotidiano, nella nostra visione dei problemi umani, per un livello psicologico?

1

C'è davvero spazio per la psicologia? C'è posto per una analisi psicologica degli aspetti della nostra vita che sia autenticamente psicologico e non qualcos'altro?

La prospettiva di una psico-educazione più diffusa e ben operata è davvero realistica?

Che spazio siamo in grado di dare alla nostra mente? Che valore diamo ad una analisi quotidiana del nostro pensare e agire?

Lasciando da parte i "come dovrebbe essere" che non hanno alcun impatto sulla reale organizzazione della società e dell'offerta di servizi, e del loro stesso reale funzionamento e della reale dotazione di offerta professionale, c'è un posto effettivo per la psicologia nella nostra vita?

Che valore e che senso diamo alla nostra mente?

Crediamo che una attenzione e un prendersi il giusto tempo per conoscersi, identificare i nostri processi mentali e agire con più consapevolezza verso ciò che è significativo per ciascuno di noi sia uno "stress" benevolo che ha un buon fine, una buona fatica che porta buoni frutti, un tempo ben speso.

Una sana curiosità riguardo noi stessi e gli altri è una curiosità sempre augurabile, un atteggiamento che si accosta al rispetto, alla accortezza, alla sensibilità e comprensione della mente propria e altrui.

Bibliografia

Baumeister R. (2011) Willpower. Penguin, New York.

Bentall R.P. (2004) Madness Explained: Psychosis and Human Nature, Penguin Adult, London.

Caroline Cupitt (2019) CBT for Psychosis. Process-orientated Therapies and the Third Wave, Copyright Year

Cassidy J., Shaver P. R., (2016) Manuale dell'attaccamento. Teoria, ricerca e applicazioni cliniche (a cura di), Fioriti editore, Roma.

Cialdini R. (2017) Presuasione. Giunti, Firenze.

Davidson D. (1987) Soggettivo, intersoggettivo, e oggettivo. Trad it. 2003, Raffaello Cortina, Milano.

Dell'Erba G.L. (1996) Le Emozioni di Base nella Rappresentazione Linguistico-Lessicale in G. QUARTA (a cura di) Emozioni e Civiltà Milella Lecce

Dell'Erba G.L., Carati M.A., Greco S., Muya M., Nuzzo E., Gasparre A., Greco R., Isnardi R., Navarra D., Rosito A., Torsello V., Amato R. (2010) Le Convinzioni di Dannosità dell'Ansia (CDA). Costrutto,

Proprietà Psicometriche del Questionario ed implicazioni cliniche. Cognitivismo Clinico, volume 7, n.1, Giugno.

Dell'Erba G.L., Frascella M., Leo M., Mariano E., Mascellino R. (2021) Resilienza. Aldenia, Firenze.

Dell'Erba G.L., Nuzzo E. (2021) Appunti di Psicoterapia. Aldenia, Firenze.

Dell'Erba G.L., Nuzzo E., Torsello V., Notaristefano A., Frascella M., Leo M., Mascellino R., Mariano E. (2020) Interventi e idee-chiave per psicologi per l'emergenza covid-19. Psicoterapeuti In-Formazione, APRILE, Numero Speciale COVID-19.

Hogg M. A., Vaughan G.M. (2016) Psicologia sociale. Teorie e applicazioni. (a cura di: L. Arcuri) 2° Ediz., Editore: Pearson

Kahneman D. (2007) Economia della felicità, prefazione di Riccardo Viale, Milano: Il Sole 24 ore,

Kahneman D. (2012) Pensieri lenti e veloci, Milano: Mondadori.

Kahneman D., Diener E., Schwarz N. (1999) Well-being: The Foundations of Hedonic Psychology, New York: Russell Sage Foundation,

Kahneman D., Gilovich T. (2002) Heuristics and Biases: The Psychology of Intuitive Judgement (a cura di), Cambridge University Press.

Legrenzi P. (2022) Quando meno diventa più. Raffaello Cortina Editore, Milano.

Mele A. (2001) Self-Deception Unmasked., Princenton, Princenton University Press.

Millar A. (2004) Understanding People: Normativity and Rationalizing Explanation, Oxford, Clarendon Press.

Noè A. (2020) La motivazione. Teorie e processi. Il Mulino, Bologna.

Pedrini P. (2009) Prima persona: epistemologia dell'autoconoscenza. Ed. ETS, Pisa.

Rachman S, Shafran R. (1999) Cognitive Distortions: Thought-Action Fusion *Clinical Psychology and Psychotherapy*. 6: 80-85.

Seligman, M.E.P. (1990). Imparare L'Ottimismo (Learning Optimism). New York: Knopf. (reissue edition, 1998, Free Press)

Seligman, M.E.P. (2002). La costruzione della Felicità (Authentic Happiness: Using the New Positive Psychology to Realize Your Potential for Lasting Fulfillment). New York: Free Press. (Paperback edition, 2004, Free Press)

Shafran R, Rachman S. (2004) Thought-action fusion: A review *Journal of Behavior Therapy and Experimental Psychiatry*. 35: 87-107

Shafran R, Thordarson DS, Rachman S. (1996) Thought-action fusion in obsessive compulsive disorder *Journal of Anxiety Disorders.* 10: 379-391.

Taylor, S.E., & Brown, J. (1988). Illusion and well-being: A social psychological perspective on mental health. *Psychological Bulletin,* 103, 193-210

Taylor, S.E., & Sherman, D.K. (2008). Self-enhancement and self-affirmation: The consequences of positive self-thoughts for motivation and health. In W. Gardner & J. Shah (Eds.), *Handbook of Motivation Science.* New York, NY: Guilford

Taylor, S.E., & Stanton, A. (2007). Coping resources, coping processes, and mental health. *Annual Review of Clinical Psychology,* 3, 129-153

Taylor, S.E., Collins, R.L., Skokan, L.A., & Aspinwall, L.G. (1989). Maintaining positive illusions in the face of negative information: Getting the facts without letting them get to you. *Journal of Social and Clinical Psychology,* 8, 114-129

Taylor, S.E., Kemeny, M.E., Reed, G.M., Bower, J.E., & Gruenewald, T.L. (2000). Psychological resources, positive illusions, and health. *American Psychologist,* 55, 99-109

Taylor, S.E., Lerner, J.S., Sherman, D.K., Sage, R.M., & McDowell, N.K. (2003). Are self-enhancing cognitions associated with healthy or unhealthy biological profiles? Journal of Personality and Social Psychology, 85, 605-615

Torsello V., Dell'Erba G.L. (2015) Ansia per la salute: capire e trattare il disturbo da somatizzazione attraverso un modello cognitivo dell'ansia. Cognitivismo Clinico, 11, 2.

Wegner, D. (2020). L'illusione della volontà cosciente. Carbonio Editore

Wells, A. (2009). *Metacognitive therapy for anxiety and depression.* GuilfordPress.